法官如何阅卷

案卷材料的阅读技能与审查方法

陈增宝 / 著

人民法院出版社

图书在版编目（CIP）数据

法官如何阅卷 ：案卷材料的阅读技能与审查方法 / 陈增宝著. -- 北京 ：人民法院出版社，2023.9
（法官办案经验与技能丛书）
ISBN 978-7-5109-3892-4

Ⅰ. ①法… Ⅱ. ①陈… Ⅲ. ①法官－案卷－检查－中国 Ⅳ. ①D926.17

中国国家版本馆CIP数据核字(2023)第167185号

法官如何阅卷：案卷材料的阅读技能与审查方法

陈增宝　著

责任编辑　王　婷
封面设计　东合社・安宁
出版发行　人民法院出版社
地　　址　北京市东城区东交民巷27号（100745）
电　　话　（010）67550617（责任编辑）　67550558（发行部查询）
65223677（读者服务部）
客服QQ　2092078039
网　　址　http://www.courtbook.com.cn
E-mail　courtpress@sohu.com
印　　刷　三河市国英印务有限公司
经　　销　新华书店

开　　本　787毫米×1092毫米　1/16
字　　数　218千字
印　　张　18.25
版　　次　2023年9月第1版　2024年11月第3次印刷
书　　号　ISBN 978-7-5109-3892-4
定　　价　68.00元

作者简介

陈增宝　浙江三门人，现为杭州互联网法院院长，国家法官学院浙江分院兼职教授、最高人民法院西部讲师团成员、浙江省“七五”普法讲师团成员，最高人民法院刑事审判第一、二、三、四、五庭主办刊物《刑事审判参考》特邀编辑，历任浙江高院刑二庭副庭长、杭州萧山区法院副院长（挂职）、浙江高院研究室主任、审判委员会委员、审判管理处处长等职务，长期从事经济犯罪和职务犯罪审判工作，2012 年被授予首届全省审判业务专家称号，2014 年被最高人民法院评为第三届全国审判业务专家，2015 年入选全国法院“司法人才库”。先后在《人民司法》《法律适用》《中国刑事法杂志》《人民检察》《法学杂志》《浙江社会科学》《法治研究》《党政视野》《刑事审判参考》《经济犯罪审判指导》《法理学论丛》《刑事法判解研究》《人民法院报》《检察日报》《法治日报》《浙江日报》等刊物发表法学专业论文 100 余篇，其中法律核心期刊 20 余篇，有的论文被《新华文摘》《法学文摘》等刊物摘编、转载，获奖多篇，参与最高人民法院、浙江省高级人民法院、浙江社会科学规划重点调研课题多项。已出版专著：《裁判的形成——法官断案的心理机制》（法律出版社 2007 年版）、《法官心理与司法技巧》（中国法制出版社 2012 年版）、《经济犯罪疑难问题司法认定与要案判解》（法律出版社 2019 年版）。参著：《经济犯罪疑案评析》《刑事判案评述》《刑法发展新思域》等。

目录

Contents

第七讲　阅卷能力的培养
——如何传承司法裁判中的隐性知识

引 论

以认知为基础的司法裁判

——从法律形式主义到法律现实主义

党的十八大以来，习近平总书记多次强调，“要努力让人民群众在每一个司法案件中感受到公平正义，所有司法机关都要紧紧围绕这个目标改进工作，重点解决影响司法公正和制约司法能力的深层次问题。”这一重要论述为人民法院各项工作的高质量发展提供了根本遵循、指明了努力方向。2023 年 7 月 13 日，最高人民法院院长张军在全国大法官研讨班上指出，“必须围绕公正与效率工作主题，找准司法审判在全面依法治国这场国家治理的深刻革命中的职责定位，稳中求进、守正创新，做实为大局服务、为人民司法，从审判理念、审判机制、审判体系、审判管理等方面整体推进、系统落实”，并强调“要坚持能动司法理念。办理具体案件时，以让人民群众感受到公平正义为目标，在法律框架内，努力寻求案件处理的最佳方案，使司法裁判‘文本法’的适用符合人民群众感受的‘内心法’”。这些部署要求，充分彰显了习近平法治思想的立场、观点和方法，明确了新时代新征程推进审判工作现代化的工作思路和重点要求，必须高站位领会精神实质、高标准全方位抓好贯彻落实。

在以规则为支撑、以理性为导向的司法过程中，法官是否因认知等心理学因素影响司法裁判，不少实务界的法官似乎并不隐晦自己肯定的观点，但古今中外的法学理论争辩中却始终有肯定与否定两种主张。如何聚焦“公正与效率”工作主题，科学、理性地看待并合理调控司法裁判中的情感、意志等非理性因素，自觉提升法官自身的认知素养，筑牢公正司法的认知基础，抓实抓好能动司法，实现法理情的有机统一，并致力于科学的程序设计和有效的制度防范，全面保障司法公正的有效实现，努力让人民群众在每一个司法案件中感受到公平正义，无疑是一个值得研究的重大课题。

刑事审判、民事审判、行政审判等诉讼活动均应以发现案件事实真相和准确认定案件事实为目标。

综观学界对“事实”问题的已有成果，不难发现，人们所探讨的往往是“案件事实形成之后”对事实的筛选与评判问题，而没有真正触及“案件事实究竟如何形成”这一内在的主题。

一、认知因素否定论：法律形式主义的主张

对待司法裁判中的个体知识结构、经验、阅历、情感、意志等认知因素问题，持否定论者认为，理性是理解世界的绝对法则，是解决所有难题的“金钥匙”，是法律的灵魂。法律职业必须要求法官是理性的，毫无偏私的，因此要摒弃一切法官个人的特性，排除情感等非理性因素干扰。法官应当根据客观的事实和正确的法律，运用逻辑，得出公正的判决。因此，司法的过程近于机械地适用法律。

持“法律形式主义”者认为，法律是明确的、自成一体的独立体系，法律具有当然的确定性和结果的唯一性等特征，法律推理应该仅仅依据客观的事实、明确的规则，以及严密的逻辑去决定一切为法律所要求的行为。在法律形式主义者眼中，法官只是一名“法匠”“宣告法律的喉舌”和“法律的自动售货机”。整个法律运作就如同一台加工机床，只要提供一定的材料，就会产生确定的产品。

“法律形式主义”的思想后来经由许多普通法法学家的借鉴，对英美法系国家也有相当影响。到了20世纪初，法律形式主义的观念逐步在西方法理学中占据了支配地位。

二、认知因素肯定论：法律现实主义的观点

持肯定论者从法官是自然人的立场出发，论证了法官的认知因素对司法裁判的客观作用，视情感、意志等因素为法官断案过程中无法

回避的现实问题。法官作为一个具有主观能动性的生命体，其对某些行为的喜好与偏见、感触与感情等属于潜意识深层次的力量，必然会不自觉地渗透到司法的自由裁量过程中。对此，连法国文豪蒙田都曾评论说，法官的心情和脾气天天都在变化，而这些变化常常反映在他的判决之中。法律学者甚至嘲笑法官这种不理智的做法，并把掺杂法官情感的判决称为“口味法理学”的判决。

三、法官如何认知案件事实：以法律心理学为视角的考察

在司法理论研究领域，不管是二元方法论还是一元应用法律观都承认事实问题与法律问题的相对独立性，案件事实的认定由此成为司法裁判中最重要的逻辑起点。正如有的学者所言：“事实问题是司法行为理论中的基石性问题。如果不解决事实问题，就不可能进行公正的司法判决，司法行为本身的意义就会荡然无存。”[①] 因此，刑事审判、民事审判、行政审判等诉讼活动均应以发现案件事实的真相和准确认定案件事实为目标。

然而，事实认定是司法上由来已久和最难解决的问题之一。从掌握的资料来看，法学理论界对法律问题比较重视，但对裁判中的事实问题却缺乏应有的关注。我国国内学者对事实认定问题已有所论述，但从总体上讲，理论界对事实认定方面的研究文章或著作仍然偏少，与法律适用方面的研究之繁荣程度相比，显得较为薄弱，一定程度上

① 武建敏：《司法理论与司法模式》，华夏出版社 2006 年版，第 76 页。

也影响了司法实践对事实问题的理性认识与准确把握。

综观学界对“事实”问题的已有成果，不难发现，人们所探讨的往往是“案件事实形成之后”对事实的筛选与评判问题，而没有真正触及“案件事实究竟如何形成”这一内在的主题。根据法律心理学的研究成果，案件事实的形成过程实质上是一个主体内在“建构”的过程。法官对事实的认知活动是法官建构案件事实并进一步作出裁判的前提和基础。

而以感知为基础的认知活动是人类获取外界信息的最初渠道，也是案件事实发现与建构的前提和基础。在案件事实建构的诉讼活动中，参与诉讼的所有人，包括被害人、目击证人、律师、侦查人员、检察官、法官都存在对案件事实或证据材料的感知，各种主体以自己对案件事实的感知为基础提供、了解、思考、分析、建构、认定案件事实。这种感知觉就是案件实际发生的原初事实及其遗留下来的痕迹（证据信息）作为客观事实直接作用于人的感觉器官，在人脑中所产生的对案件事实的反应。从某种意义上讲，案件事实的形成过程就是人的认识、情感、意志这三个内在心理过程的统称，也是各类主体认知结构、已有的知识和经验、先前观念和预断、动机和情绪等个性特征的集中体现。如果离开了对参与案件事实形成的各种心理因素的科学探索，就难以把握案件事实形成的客观规律，在立法或司法实践中对有关情绪情感、认知偏见等非理性因素就会缺乏相应的防范和应对措施，其后果将是难以认识“事实是什么”，进而促进人们树立理性的事实观，难以真正提高事实认定的质量（准确性），难以完成案件事实的理性评判，难以真正有效地促进与判决有利害关系的当事人及社会公众从内心认同和接受法院的每一个判决，最终影响纠纷的一次性解决和矛盾的彻底化解。

四、司法过程中的阅卷："输入"案件事实信息的重要渠道

法官在审理案件时，首先是在阅读审查案卷材料（视觉）、听取（听觉）当事人双方陈述及辩论这一前提下展开工作，通过感知等途径"输入"案件审判所必需的事实信息。其中，法官对案卷的感知即阅卷活动，对于案件事实的形成与建构十分重要，特别值得研究。心理学研究还证明，这一内在的心理过程是客观存在的，是可研究、可控制的。以法律心理学为视角，探究法官在司法裁判形成中的事实认知现象，揭示影响法官认知的相关心理因素，既可以为当下司法改革背景下高素质法官的选拔、培训等司法政策的完善，以及诉讼程序规则的制定提供更为科学的理论支持，也可帮助法官个体在阅卷和庭审调查等活动中了解和控制自己的认知规律，通过改善自己的行动，对自身的偏见等因素保持合理的警觉，提高案件事实信息"输入"的准确性和有效性，确保司法公正的有效实现。

第一讲

案卷的品性与构成

——案卷材料是法官认知案情的重要信息源

案件卷宗即案卷，是指侦查机关、检察机关、审判机关在办案活动中将有关当下案件所有信息以书面文本的形式装订成册的书面材料。作为证据信息载体的汇集，案卷是法官认知案情的重要信息源，也是法官阅卷活动指向的客体。在研究法官阅卷活动规律之前，本讲有必要先对案卷本身的品性及其构成作一些理论探究，以期为阅卷活动的科学探讨提供前提和基础。

犯罪遗留痕迹、作案工具、尸体照片、案卷材料、当事人、证人的言词陈述、争辩等，是构成整个案件事实的主要因素，是法官构建事实所必需信息的丰富来源，是法官认知的重点对象。

原初事实在整个事实认知历程中呈现层层限缩、步步失真的特点。一方面，由于原初事实并非全部为法律所规范，原初事实向案件事实的转化过程中被当事人、法官等不同主体所筛选。另一方面，原初事实向主体内心事实的认知转化中也容易出现认知偏差，使案件事实在保持客观性的同时，呈现主观性、创造性的一面。

•专题一　案卷的唯一性与裁判的稳定性

在日常司法实践中，不难发现的一个有趣现象是，全国各地的不同法院以及法院中的不同法官对类似案情的行为或事件作出的裁定和判决往往比较确定，多数能够保持一致，体现了“以事实为依据、以法律为准绳”的内在要求。这种稳定性，使得无论是法学专家还是普通的司法人员，围绕案件在发表各自的见解时都没有偏离一定的主题和范围，其中，所主张的种种观点中涉及的罪名相对集中，有的观点几乎一致，这些都能说明裁判分歧之中有稳定的一面。如果想了解是什么东西参与了判决的形成和制作，使得全国各地法院的不同法官作出的判决具有这种“确定性”，使得判决最终“八九不离十”，我们必须观察在司法判决的形成过程中有哪些因素确保裁判的形成不因裁判者个性因素或司法人员的变化而变动太大。这些因素即为“裁判形成中的稳定性因素”。而“物的因素”往往是最稳定的因素，且案件材料无疑是裁判形成中最为典型的“物性因素”。因此，笔者在《裁判的形成——法官断案的心理机制》一书中曾指出，共同的案件材料是确保裁判走向稳定和客观的最主要因素。具体而言，共同的案件材料又可从共同的实际事件、证据材料、文书记录、案件卷宗四个角度展开分析。①

其中，共同的案件卷宗即案卷，是确保裁判稳定的客观性因素之一。这些因素具体又由法律文书、证据的原件或复印件、照片、有关办案活动的记录等构成。前一级司法机关向后一级司法机关移送案卷材料，如侦查机关在侦查终结后向检察机关移送案卷材料、检察机关在审查起诉后向人民法院移送案卷材料、一审法院向二审法院移送案卷材料，这些都反映了我国司法机关办案的实况。案卷材料作为法院裁判活动的主要信息来源，对法官裁判活动具有十分重要的影响，特别是，我国不少案件在二审时不再采用开庭审理的方式，而是采用书面审理的方式，案卷材料对法官裁判的实际影响就更大。所谓书面审理，就是不传唤当事人和通知证人、鉴定人、辩护人等到庭，不进行法庭调查和辩论，只根据第一审法院上报的全部案卷材料，合议庭进行阅卷审查以后便可进行评议并作出裁判的审理方式，在这种书面审案件中，案卷对裁判的形成影响很大，而且有效保证了裁判的稳定性。因为，这些案卷是不以人的意志为转移的客观实在，如在法院审判活动中，不管通过哪一种案件分配机制最终将案件分给哪一位法官主审，案卷都是这样的案卷，不会因为法官个性的差异和水平的高低而发生有形的变化。案卷的客观唯一性无疑是确保案件裁判稳定的一个重要因素。

由前述还可以看出，在办案过程中，有关方面始终保持案卷材料全面、完整之重要性：

---

① 参见陈增宝、李安：《裁判的形成——法官断案的心理机制》，法律出版社2007年版，第167~170页。

一、侦查机关、检察机关向人民法院全面移送案卷材料的重要性

公、检、法三机关拥有共同的案卷材料和事实信息是实现公正裁判的前提和基础。特别是侦查机关应当如实记录案发现场的勘验检查情况，并全面移送对被告人有利和不利的原始信息，就显得非常重要。实践中，曾经有这么一个案例，侦查人员以被害人的丈夫“朱某某”作为“嫌疑人”侦破此案，在杀人现场床头墙壁上提取到一枚潜血指纹，经过鉴定，该指纹不是本案嫌疑人（后来的被告人）“朱某某”所留，由于侦查人员当初把该指纹误当作“陈旧性指纹”，不是作案遗留下来的痕迹，最终没有将指纹在现场勘查笔录中予以记载、反映，更没有移送给检察院和法院，结果酿成了错案。最终的事实证明，本案杀人行为不是“朱某某”所为，若干年后真凶“孙某某”归案，经鉴定，该指纹确系“孙某某”所留。可见，如果当初侦查人员将该指纹全面记载、入卷，无疑更有利于下一道工序的司法人员审查、发现这是一起错案，有利于及时予以纠正。否则，出现“一步错，步步错，一错到底”的现象，也就在所难免了。

二、一审法院向二审法院全面移送案卷材料、报告案件信息的重要性

一审法院审结后，承办人需要撰写审结报告，并指导书记员装订案卷材料。一方面，一审承办人撰写的审结报告和综合报告应当全面

反映案情，以及案件有关的事实信息，包括被害人亲属的诉求以及在一审期间的反应情况，为二审决策提供全面的案情信息。另一方面，要全面装订、移送一审期间以散件形式存在的案卷材料，包括有关检举揭发的核查情况、侦破经过的了解情况、事实证据的补查补正情况及鉴定结果等，让二审全面掌握案件的证据状况以及处理案件所必需的信息，避免重复劳动或信息不对称。二审法院收到一审法院移送的案卷材料后，不仅在立案环节，而且包括承办人受理环节，都要注意对照移送函进行一一比对、清点案卷材料，除了卷宗，有时还得注意清点同步录音录像等视频资料，把好材料“入口关”。

三、公诉人以及审理案件的法官向辩护律师全面移送案卷材料的重要性

阅卷是律师全面掌握案件证据、正确行使辩护权的前提和基础。辩护律师的责任是根据事实和法律，提出证明犯罪嫌疑人、被告人无罪、罪轻或者减轻、免除其刑事责任的材料和意见，维护犯罪嫌疑人、被告人的合法权益，这些辩护职责的履行和实现，要靠推翻侦查机关取得的不实证据和反驳公诉机关的不当指控来完成。而要否定侦查机关的不实取证和公诉机关的不当指控，必须建立在辩护律师有条件充分阅卷、事先知道控方掌握了什么证据材料等基础之上。根据法律规定，辩护律师自人民检察院对案件审查起诉之日起，可以查阅、摘抄、复制本案的诉讼文书、技术性鉴定材料；人民检察院提起公诉案件，应当向人民法院移送主要证据的复印件或者照片。但在司法实践中，

控方在向辩方全面移送、展示证据方面，有时做得并不理想。比如，曾经有一起贷款诈骗案件，由于控方对行为人主观上是否具有“以非法占有为目的”的诈骗犯罪故意“信心不足”，担心在庭审中指控“效果不好”，于是在庭前不向审理法院全面移送有关贷款诈骗行为实施过程的言词证据，包括大量银行工作人员的证言，而只移送一些贷款合同等书证，导致该案辩护律师在庭前难以全面阅卷。公诉人为掌控“证据优势”，在庭上采取当庭宣读证言的方式，让对方“当庭”质证，而辩护人则当庭抗议，“拒绝质证”，表示要阅卷后才能质证，进而导致庭审难以顺利进行。理性地看，公诉人以“只需要移送主要证据复印件”“有权以当庭宣读方式举证”等为由，以及一审法官没有站在中立的立场，不顾辩护人“抗议”强行推进庭审，均是不合适的，该案最终被二审法院撤销原判，发回重审。事实上，控方向辩护律师全面提供证据材料也没什么可怕，反而对于实现控辩平等、维护被告人合法权益，彰显司法客观公正形象，意义重大，前述做法实在不可取。

专题二　案卷材料的构成

一、证据材料

案卷材料主要由证据材料构成。事实认定实行证据裁判主义，用于案情事实建构的主要材料无疑是证据。根据我国《刑事诉讼法》第50条的规定，证据的法定种类有八种，包括物证，书证，证人证言，被害人陈述，犯罪嫌疑人，被告人供述和辩解，鉴定意见，勘验、检查、辨认、侦查实验等笔录，视听资料，电子数据。

从理论上，证据还可以分为物证、书证、人证等。物证是指能够证明案件真实情况的物品或物质痕迹。刑事诉讼中的物证具体包括：（1）犯罪工具，如杀人的凶器、盗窃时撬门窗的作案工具螺丝刀、扳手；（2）犯罪行为直接侵占的物质对象，如盗窃、抢劫、抢夺、诈骗、贪污的赃款赃物；（3）由犯罪行为所产生的非法物品，如非法制造的枪支、弹药，毒品，伪造的国家证券；（4）犯罪行为产生的痕迹，如杀、伤人的血迹，被破坏的门窗上遗留下的撬压痕迹；（5）表现犯罪社会危害性后果的物品，如被毁坏的机器、仪器，被焚毁或炸毁的建筑物、尸体等；（6）犯罪人在预备犯罪、实施犯罪的各种场所遗留的表现其个人特征的痕迹或物品，如犯罪人的指纹、脚印、衣物；（7）在犯罪过程中或犯罪后，犯罪人为掩盖罪行、对抗侦查伪造的各种物品或痕迹；（8）其他可供查明案件真实情况的物品和物质痕迹。

书证是以其记载或表达的思想内容证明案件真实情况的文字材料和其他载体，如记载犯罪计划的笔记本等。人证包括证人证言，被害人陈述，犯罪嫌疑人、被告人供述和辩解，等等。证人证言是证人就其直接或间接感受到的有关案件事实的某些情况向侦查人员、检察人员和审判人员所作出的陈述。被害人陈述是被害人就案件事实的有关情况向侦查、检察、审判人员所作出的陈述。犯罪嫌疑人、被告人供述和辩解是指犯罪嫌疑人、被告人向侦查、检察或审判人员的交代。

鉴定意见是指鉴定人受司法机关的指定或聘请，就案件的某些专门性问题鉴定后出具的书面意见。常见的鉴定有:（1）法医鉴定，如确定人身伤害情况和死亡原因;（2）司法精神鉴定;（3）刑事技术鉴定，如确定脚印、指纹、笔迹、血迹和弹痕的同一性;（4）其他技术鉴定，如确定生产事故的原因和后果。勘验、检查、辨认、侦查实验等笔录是指侦查人员依法对同犯罪有关的场所、物品、人身、尸体等进行勘验、检查、辨认或进行侦查实验的情况的记载。

视听资料是指储存在磁带等物质载体中、能够证明案件真实情况的音像、图像资料。电子数据是指案件发生过程中形成的，以数字化形式存储、处理、传输的，能够证明案件事实的数据。电子数据包括但不限于下列信息、电子文件:（1）网页、博客、微博、朋友圈、贴吧、网盘等网络平台发布的信息;（2）手机短信、电子邮件、即时通信、通讯群组等网络应用服务的通信信息;（3）用户注册信息、身份认证信息、电子交易记录、通信记录、登录日志等信息;（4）文档、图片、音视频、数字证书、计算机程序等电子文件。

上述证据的材料都具有客观性和稳定性的特点。因为刑事诉讼证据必须是客观上确实存在的事实，是与客观实际的真实情况相符合的事实。比如是有这件事，有这种情况，有这种现象，有这个物品，有这个痕迹，等等。所有这些事实，即这些情况、痕迹等，都必须是能够看得见或听得到或摸得着的事实；是可对其进行查对或查证的事实；是经得住科学检验的事实。刑事诉讼证据的这个客观性特点，当然也意味着刑事诉讼证据这种事实，是独立于负责本案的侦查、检察和审判人员主观意识之外的，并且是不以这些司法人员的主观意志为转移的客观存在。特别是物证，由于其是以存在、外部特征和性能对案件起证明作用，是客观存在的物品或痕迹，只要收集、提取及时并妥善保全，就具有极强的稳定性。[①] 就拿作为言词证据的证人证言和被害人陈述来说，也具有稳定性的特点。其中，证人和被害人都具有不可替代性。证人是指知道案情的人，一个实际案件发生时，哪些人在场或对案件知情，是无法选择的，谁成为“本案”的证人是不容挑选的，因而证人也是客观实在的“物”。由于被害人与犯罪行为具有特殊的关系，那么其本身具有不可替代性的特点也是显而易见的。

二、法律文书

法律文书是案卷材料的又一重要内容。文书记录，是指案件中的法律文书、有关审理活动的各种记录（笔录）。文书记录之所以成为

① 参见王国枢主编：《刑事诉讼法学》，北京大学出版社2003年版，第98~105页。

影响法官裁判的又一个稳定性因素，原因在于法律文书、有关记录对案件事实起到了固定化的作用。所谓“事实的固定化”，是指司法机关对案件事实进行及时记录和固定、将事实的审理限定在一定的范围内。比如，侦查机关的起诉意见书作为对案件事实的概括和记录，成为检察机关制作起诉书的一个重要参考，而起诉书对案件事实的概括又成为法院形成判决的一个重要依据，下级法院的判决成为上级法院判决的依据，等等。其中，下级法院的事实固定化记录，包括下级法院的法庭记录和关于事物的一般常识，还包括（它看起来似乎是常识）法院从外面世界的“万花筒”中所看到的有时令人吃惊的东西，使得二审法院的法官将可以考虑的事实部分在很大程度上限制在一定的范围内，上级法院可以通过采纳下级法院已经固定化的事实记录的方式来节约审理的时间，提高审判效率。这种方式的经常性进行，无疑保证了上下级法院裁判的趋同和稳定。

三、控辩双方提交的意见材料

控辩双方除了向法庭提交证据材料之外，往往还会提交一些虽然不是证明案件事实的证据，但对于案件处理具有一定参考意义的材料，或以控辩意见的形式提交书面材料，从而成为案卷材料的重要内容。从辩护人提交的意见材料来看，主要体现在以下几个方面：

（一）辩方的意见材料

1. 辩方提交的辩护词

辩护词，是被告人及其辩护人在诉讼过程中根据事实和法律所提出的有利于被告人的材料和意见，部分或全部地对控诉的内容进行申述、辩解、反驳控诉，以证明被告人无罪、罪轻，或者提出应当减轻甚至免除刑事责任的文书。实践中，辩护词除了当庭发表，往往在庭后由辩护律师以书面形式向法庭提交。

2. 辩方向法庭提交的有关被告人平时表现、生活经历或家庭情况的材料

比如说，被告人以前是否军人、有无参加抗洪抢险、是否见义勇为救过人、患病治疗经历、家庭经济状况、以前就读学校和老师的评价、村，以及乡镇等基层组织干部的评价、当地群众的反映等材料。值得注意的是，有些辩护人往往要求在庭审中以“新证据”的形式对这些材料进行举证。从法理角度来说，这些材料谈不上“证据”或“新证据”，但可以作为材料在庭后向法庭提交。

3. 辩方提供的专家意见书等材料

司法实践中一些当事人为了尽最大努力追求胜诉效果，组织大学教授等法学专家对其案件进行论证，并向法院提交专家论证法律意见书，试图影响法院最终的裁判结果。近年来，专家意见书的法律性质在我国法学理论与实践部门引发了广泛关注和讨论，目前为止，对法律专家意见书的性质尚未有定论。一般认为，其法律性质应视具体情况而定，在不同场合下，专家意见书可能是意见证据，也可能是起诉状的一部分或者答辩状的组成部分，还有可能是外国法查明的辅助方法。无论何种性质，作为法官来说，都应当认真审阅当事人及其辩护律师提交的每一份意见材料，审慎处理。

（二）控方的意见材料

从控方角度来看，其提供给法庭的意见材料大致有以下几种形式：

1. 控方提供的公诉意见和公诉词

一般情况下，公诉人出席一审法庭过程中，已经充分发表了公诉词和公诉意见，法庭业已记录在案。但为了进一步固定和阐述公诉意见，便于法官审查裁判案件，公诉人还应当在庭后以书面形式提交公诉词。

2. 二审检察员提供的出庭意见

在二审法庭上，出庭的检察员在当庭发表出庭意见以后，还应以书面形式向法庭提交。出庭意见是二审法院制作审查报告、归纳检辩双方主要观点的重要依据，是阅卷审查的重点内容。

3. 控方补查补证的一些材料

为了进一步核实有关事实证据，或就破案的经过和方法作一些调查、了解，或对被告人提出的辩解进行核实，控方有时会做些补查补证的工作。相关调查结果除了以证据的形式提交外，有时仅以书面材料的形式提供给法庭，供法庭审查判断时参考。

四、其他材料

其他材料的范围较为广泛，一般指侦查机关、公诉机关、人民法院在办理案件过程中，有关方面收集或提供的与案件事实存在一定关联但不属核心证据材料的一些外围调查材料。比如，有关人员的排查过程及其证言、村民或群众联名书、检举揭发及其核查情况、被害方与被告人家属在当地村民委员会或人民调解组织主持下就民事赔偿问题所做的调解工作等。在人民法院审理过程中，还包括收到的群众来信、申诉材料或办理延长审限审批表等程序性材料。对二审法官来说，都需要仔细审阅，只有全面仔细审阅相关材料，才能全面熟悉一审的案情及处理过程。

• 专题三 司法认知的不同指向

探究司法认知的不同指向，有利于明确法官认知的基本范围，确立法官阅卷审理的主要任务，推动法官认知的发展。从动态上讲，法官的认知是由表及里，由事实到规范或由规范到事实，由人到事或由事到人的过程。

一、事实指向：法官对案件事实的认知

对事实的认知是法官获取案件事实信息、了解和熟悉案情的渠道。法官对案件事实的认知以感知为基础，是指法官从阅卷、勘查现场、庭审庭外调查等审理途径，经过视觉、听觉、触觉等感觉器官以及动作系统的机能获取案件事实信息的心理过程。而犯罪遗留痕迹、作案工具、尸体照片、案卷材料、当事人或证人的言词陈述及争辩等，是构成整个案件事实的主要因素，是法官构建事实所必需信息的丰富来源，是法官认知的重点对象。法官在审理案件时，首先是在查阅案卷材料，听取（听觉）当事人双方的陈述、辩论这一前提下展开工作，通过感知获取案件审判所必需的事实信息。[①] 具体而言，法官对事实认

① 参见陈增宝、李安：《裁判的形成——法官断案的心理机制》，法律出版社2007年版，第40页。

知的基本范围如下：

（一）对案卷的认知

案件卷宗是指侦查机关、检察机关、审判机关在办案活动中将有关当下案件所有信息以书面文本的形式装订成册的书面材料。这些信息包括法律文书、证据的原件或复印件、照片、有关办案活动的记录等案件材料，其是各种证据材料的载体及相关法律文书的载体。

（二）对现场的认知

根据侦查、起诉、审判的分工，收集证据包括对犯罪现场的勘查是由侦查人员完成的。一般情况下，法官不直接勘查犯罪现场。所谓法官对犯罪现场的认知主要以案卷中侦查人员制作成的现场勘查笔录和有关照片为依据，对现场勘查记录和照片进行认知。审判阶段，必要时法官也可以自己再到犯罪现场进行勘查，对侦查机关制作的勘查记录进行核实、补充。我们将法官亲自到作案现场进行复核的情况称为“直接认知”，而通过案卷材料、照片等对现场进行感知的情况称为“二手认知”。“直接认知”与“二手认知”有一定的区别，最主要的是认知直接对象不同，直接认知是对活生生的犯罪现场情况的观察和注意；而“二手认知”则是对现场勘查记录这些文字材料的阅读以及对有关照片的观看，是对侦查人员感知结果的再感知，受侦查人员感知结果的影响。

（三）对庭审的认知

庭审是一项重要的审判活动。法官对庭审的认知包括以下三个方面的内容：（1）对场所的感知；（2）对人的感知；（3）对言行的感知。庭审活动由法庭调查、法庭辩论、被告人、当事人陈述等环节构成，无论是法庭调查还是辩论，最终均体现在相关诉讼参与人的语言陈述、行为举止上。法官对庭审的认知具有直接性、动态性、互动性等特点。

（四）对证言的认知

法官对证言的认知，在实践中有两种类型：（1）法官对书面证言的感知。此种情形可以为对案卷的感知所包容。（2）对证人当庭或当面陈述的感知。虽然这仍然是证人基于对过去案情的重建作出的陈述，但法官直接听取其作证，具有亲历性的特点。

二、法律指向：法官对法条的认知

法官在司法审判中确定事实后，需要从法典中找出对应的法条，以确定进行法律推理的大前提。作为信息输出过程的法律发现的对象是什么，也就需要相应的信息输入的认知对象。如果法律发现的结果是具体的法条或规范，那么对法官而言就需要一个法条认知的输入。当然，强调法条认知并非指法学学习只要记住法条即可，这里只是说如果没有进行法条认知就不可能有相应的法条被提取。法律理论可以在如何组织法条上发挥作用，在一定程度上使法条认知更合理，使法律发现（法条提取）更有逻辑。

法条认知具有个性化的特点，主要体现在以下两个方面：

（一）不同的人对同一法条有不同的认知结果

在日常生活实践中，我们不难观察到这种现象，即有的法官知道的法条数量比其他法官要多、学习掌握的法条的精确程度比其他法官要准确、遇到实际案件联想到有关法条的速度比其他法官快。问题是，为什么会出现这种情况呢？这种现象在心理学上应当如何解释呢？根据心理学研究成果，法官对法条的认知过程是一个能动的、积极的思维过程，是一个人脑中新旧信息相互作用与反应的过程。法官的感知、注意、记忆、思维均具有个性化的特点，其中，法条的记忆和思维以个体感知为基础，而感知、注意、记忆、思维等心理活动的进行要受到个体已有的知识结构（背景知识、认知图式）、个体经验、前见（前理解）与预断、动机与情绪、职业、成长经历等诸多心理因素的影响，因此不同的法官具有不同的认知结果。

（二）同一个人对不同的法条具有不同的认知成绩

在日常生活实践中，一个法官在学习掌握法律时，只能掌握部分法条，就是在学习一部法律的时候，他经过前后反复研读，也只能记住部分法条或大部分法条，而不可能全部记住，对已经记住的部分也有程度的差别，有的熟悉一点，有的显得生疏一点。这又是为什么呢？这在心理学上也是非常好解释的。主要原因在于，法官对法条的认知均以感知觉为基础，而法官的感知觉具有选择性的特点。根据前述，法条作为客观事物是丰富多彩的，当法官在学习掌握法条的时候，在每一时刻里，作用于法官感觉器官的刺激也是非常多的，但法官不可能对同时作用于他的法条刺激全都清楚地感知到，也不可能对所有的法条刺激都作出相应的反应。在同一时刻里，他总是对少数法条刺激知觉得格外清楚，成为知觉的对象，而对其余的法条刺激知觉得比较模糊，成为知觉的背景。当然，知觉中对象和背景的关系可依一定的主客观条件经常转换。如阅读我国《刑法》时，当我们把《刑法》

分则中的第五章侵犯财产罪的条文作为对象时，我们就可以看到第五章的有关法条，而其他章节（包括第八章贪污贿赂罪）的法条则成为背景；而如果我们把第八章贪污贿赂罪的法条作为知觉对象时，包括第五章在内的其他法条则成为背景。这种转换与个体的背景知识、需要、愿望、任务及以往经验等心理因素有关。凡是与个体的背景知识、知识、需要、愿望、任务及以往经验等心理因素联系密切的法条刺激，都容易成为知觉的对象。正因为如此，对不同的法条就有不同的认知。

三、社会指向：法官对社会的认知

法官对社会的认知与对客观事实的认知相比具有特殊性。早在1934年，美国心理学家伍德沃斯（R. S. Woodworth）就提出了社会认知这个概念，后来经许多研究者完善，形成了现在社会认知的含义。社会认知概念的提出是认知心理学向社会心理学渗透的一个重要标志。所谓社会认知，是指人们在社会生活或实践中对社会现象的认识过程，表现为认知主体对各种社会对象所形成的看法、意见、态度和评价。社会认知的显著特点是主观印象的人格特色，即“智者见智、仁者见仁”，法官对社会生活或审判实践中涉及的社会现象的认知也不例外。一般而言，自然现象的稳定性较强，可以重复认知，而社会认知对象的变化较大，很难进行重复认知。社会认知是一种法官主体间相互作用的反馈性认知。当法官在认识被告人、当事人或律师的时候，他们也在认识法官，他们对法官提出的各种问题的回答，既反映了回答者对问题本身的看法，也反映了对法官的看法与认识。社会认知对象的范围很广，主要包括对他人的认知、对人际关系的认知、对人的行为的原因的认知、对自我的认知。心理学研究表明，人们对社会的认知是多种心理品质综合作用的结果。社会认知不但依赖法官的智力因素，而且在很大程度上依赖法官的非智力因素，因此，可以说法官的审判活动是以知、情、意、行的综合作用为基础；其中，法官的人格因素、情绪、情感因素和意志因素起着相当大的作用。

•专题四 案卷的认知特点

法官在审理案件时，首先是在认知案卷材料、听取当事人双方的陈述、辩论这一前提下展开工作，通过感知等途径获取案件审判所必需的事实信息。其中，法官对案卷的感知即阅卷活动对于案件事实的形成与建构十分重要。依笔者经验和体会，阅卷活动一般具有以下几个特点：

一、案卷材料的多少影响法官认知的范围

在案件实际处理过程中，有的案件只有三四宗，有的经济犯罪案件案卷材料则多达几百宗，叠起来有几十米高。显然，案卷的多少直接影响法官认知的信息量。案卷材料少的，法官容易较快阅完案卷，尽快熟悉了解案情，但认知的信息内容较少。案卷多的，则需要花费更多的时间和精力，但感知的信息量大，内容丰富。

二、案卷材料的装订排列影响法官认知的效率

一般来说，案卷材料的排列顺序是按照诉讼法规定程序，兼顾相关材料的有机联系进行排列。这种排列顺序比较符合法律专业人员特别是训练有素的法官的认知规律，因此，法官对符合装订规范要求的

案卷比较容易尽快获取案件信息，熟悉案情，阅卷效率就高；相反，有的案卷装订不规范，逻辑顺序混乱，阅卷难度就很大。当然，司法实践中，案卷排列顺序的标准并非单一，有的可以按证据性质排列，有的可以按犯罪事实排列，有的可以按取证时间先后排列。例如，一般凶杀案件，不少司法机关按程序卷、被告人供述、证人证言、现场勘查笔录、鉴定材料等标准归类装订；对有的经济犯罪案件将书证集中装订，有的将每笔犯罪事实的相应证据归类装订，这些均比较便于法官对证据的认知。

三、案卷材料的建构性影响法官认知的真实性

在实际案件中，几乎所有的案卷材料均经过了当事人、证人、技术鉴定人、侦查员等各类人员的信息加工。也就是说，这些案件材料本身就是主体建构的结果，具有可错性。法官对他人建构的结果再进行感知，其实属于二手感知，即对他人感知结果的感知。因此，容易偏离客观真相。尤其是，有些法律文书对犯罪事实的认定，极易给法官带来先入为主的后果和偏见。

事实认知环节的心理现象除了感知，不能不提“注意”这一心理学领域的专业术语。所谓注意，指主体的心理活动对一定对象的指向与集中。在办案过程中，有的案件情节可能是检察官注意的对象，被视作案件的“核心事实”，却可能处于法官“注意范围”之外，成为“边缘事实”；有的没有引起侦查人员、检察官的注意，却进入了法官的视线范围。“注意”对人尤其是法官审理案件来说具有一系列的积极

功能，能够促进法官的目光集中指向案件中具有法律评价意义的重要事实要素或与构成要件相关的具体情节，把注意力集中于当下需要解决的个案上来，有效地节约了司法资源，提高了工作效率；也有助于法官前后连贯地吃透案情，思考分析案件存在的问题以及解决的措施，直至案件的圆满审结。但是，“注意”的选择性特点也存在一定的弊端，容易造成事实信息的遗漏和认知偏差，给主体自身的“合理化解释”提供了应用的空间。

根据案件事实形成的认知规律，案件是某个由原初事实组成的实际事件的简短故事，具有客观性、唯一性的特征。对此，美国学者史蒂文·J. 伯顿在其著作《法律和法律推理导论》一书中曾经指出：“一个案件涉及两个或两个以上的当事方，他们永远也不可能重复在他们之间引起纠纷的那种行为。我们可以用足以涵盖不同时空下不同当事人之间的不同纠纷的一般术语，去描述一个案件中的诸般事项。我们也可以用仅仅能够包含在一时一地的这些当事人之间发生的纠纷的特定术语，对它们加以描述。无论我们怎么描述案件，每一个案件都只发生一次。”但是，原初事实在整个事实认知历程中呈现出层层限缩、步步失真的特点。一方面，由于原初事实并非全部为法律所规范，原初事实向案件事实的转化过程中被当事人、法官等不同主体所筛选；另一方面，原初事实向主体内心事实的认知转化中也容易出现认知偏差，使案件事实在保持客观性的同时，呈现出主观性、创造性的一面。

第二讲

阅卷的功能与任务

——法官审理案件为什么离不开阅卷

而在阅卷过程中，如果阅卷的方法得当、对路，就会提高审判效率；如果阅卷不得要领，审理工作也就容易走弯路，事倍功半。阅卷质量的高低，直接影响审理报告的质量，影响案件裁判结论的形成。故对阅卷的功能和任务、技巧和方法等问题展开全面、系统、深入的探究，具有重要的理论价值和实践意义。本讲拟结合审判实践，先就阅卷的功能与任务作出概括提炼，谈谈法官审理案件为什么离不开阅卷，阅卷到底能解决什么问题。

司法实践中，一个从“结论”出发的推论，必须建立在法官具有恰当的先前理解基础之上，其间，法官的道德良知、是非感和公平正义感等因素发挥着十分重要的作用；同时，办案法官应当保持开放的思维，随着程序的展开随时修正错误的设证，这些因素综合起来才能确保裁判的理性方向。

事实与规范的匹配是一个在公平正义理念指导下，不断对应和调适的互动过程，这些思维过程的运作不仅需要法官职业道德和司法良知的支撑，还需要程序制度的监督与制约，确保司法公正的有效实现。

•专题一 阅卷的功能：为什么阅卷成为审理案件的必要步骤

一、掌握证据、熟悉案情

阅卷的首要功能在于帮助法官获取案件信息。审判实践中，法官获取案件信息的渠道除了开庭以外，主要依靠阅卷。可以说，阅卷是法官掌握案件事实证据，了解、熟悉案情的主要渠道。在民事案件中，法官需要阅看原告提供的起诉书、被告的答辩状、有关证据等书面材料。在刑事审判中，法官需要审阅的案卷材料更多，主要是侦查机关收集的言词证据、现场勘查记录、法医学尸体或活体检验意见、鉴定意见等书面卷宗材料。

就刑事审判而言，所谓“掌握”，就是要全面、完整地把握案件的证据状况：

（一）掌握案件证据材料的物理状况

包括案件证据材料的卷宗数、大致页数、案卷的构成、关键证据材料的种类和名称，只有做到“心中有数”，才能防止在办理过程中“材料遗失”。因为，一个案件的办理，要历经律师阅卷、检察员阅卷、合议庭成员交叉阅卷等，环节多、经手人多，承办人只有事先“掌握”了材料，才能确保案卷的安全性和完整性；否则，证据材料丢了几页都不知道。

（二）掌握案件材料中有无存在涉密材料错误装订的情况

实践中，一审法院书记员在装订案卷材料过程中，有可能将一些需要保密或不宜对外公开的案件材料，错误地装入了法院正卷，二审法官如果在律师阅卷之前发现这些问题并及时予以纠正，就可以避免泄密事件的发生。如果法官不先阅卷，而是直接将案卷交给辩护人，辩护人就有可能将这些不宜公开的材料复印走，或由被告人的亲属再转复印走，极易造成“泄密”事件的发生。一旦流到网络上，后果难以预料。

（三）掌握定案的证据状况

也就是说，通过阅卷工作，一、二审法官可以分别掌握检察机关指控或原判认定被告人构成犯罪的主要证据来源是否合法，定案的相关证据是否确实充分，尤其是一些劫财命案，要通过阅卷审查掌握有无直接锁定被告人行凶抢劫作案的客观性证据。

（四）掌握量刑的证据状况

刑事案件中的证据材料，有的是定罪证据，有的是量刑证据。量刑证据中，有的是法定从轻或从重量刑情节的证据，有的是酌定从轻或从重处罚情节的证据，比如被害人在起因上是否存在过错、被告人的认罪态度、有无积极赔偿、有无获得被害人及其亲属对犯罪行为的谅解、是否投案自首、有无检举揭发等立功表现或待核查线索，等等。

（五）掌握有利于被告人的证据状况

这些证据，既包括被告人在侦查阶段、审查起诉阶段甚至一审开庭中所作出的有利于自己的供述和辩解，也包括一些有利于被告人的证人证言；既包括一些言词证据，也包括一些有利于被告人甚至排除被告人作案的客观性证据。

二、简化卷宗、方便办案

实践中，刑事案件的卷宗数量往往比民事案件要多得多、每卷要厚得多。刑事案件的卷宗册数有多有少，少的有三四宗，多的几十宗、上百宗，甚至上千宗。比如，作者担任二审审判长审结涉案金额高达55亿余元的浙江省丽水市“银泰集团”非法集资案，该案卷宗达1000余宗，被害人1.5万余户。面对这些疑难复杂、案卷特别多的经济犯罪案件，阅卷工作就显得特别重要。阅卷的一个主要功能就是把案卷变薄，通过阅卷归纳、摘录等途径简化案件卷宗，把案卷的关键信息和证据的主要内容予以概括提炼，便于法官熟悉、记住案情，也为日后案件审理报告的制作打下基础，起到简化卷宗、方便办案的作用。从作者从事刑事审判二十多年的工作经历来看，我主办或参与审理办理的刑事大要案有数百起，面对证据的纷乱错杂，从最初的手忙脚乱到后来的驾轻就熟，关键在于能否掌握阅卷的技巧和方法，能否通过阅卷真正吃透案情。

据笔者观察，有的法官同仁在办理案件过程中，不可谓不认真，可是到合议庭评议、审判委员会讨论汇报时，面对合议庭成员和审委会委员的种种提问，却不能“应答自如”，有的一遇到委员发问，就下意识地伸手去翻案卷，给大家留下了“案情没吃透”的印象。这似乎已成为一条审判人员之间相互提醒的“大忌”。究其原因，一方面可能是这位同仁天生不够自信，另一方面是阅卷质量不高、确实没有将案情消化吸收、了然于胸。既然都进行了认真阅卷，那为什么还熟悉不了案情？问题究竟出在哪里呢？依笔者体会，原因往往就在于阅卷不得要领，没有达到阅卷应有的“简化卷宗”效果。

从“方便办案”角度来说，事先充分阅卷并做好阅卷笔录，其“方便性”主要体现在以下三个方面：

（一）为提讯被告人提供依据、方便提审

提讯被告人是办理刑事案件的重要环节，尤其是，由于条件有限，受案多人少等因素影响，刑事二审案件还没能实现全部开庭，提讯工作尤为重要。也就是说，实践中，不少二审案件，采取书面审查加当面提讯被告人的方式进行审理。此外，死刑复核案件的办理，也是如此，都需要提讯被告人。而刑事案件的卷宗往往较多，提讯被告人时，承办人不可能带着全部卷宗到看守所，这样也不安全。此时，承办人事先通过阅卷熟悉案情，同时通过同步制作阅卷笔录，归纳整理争议焦点，备忘证据要点和审查疑点，从而让提讯工作有的放矢，就显得非常重要。

（二）为庭审讯问提供依据、方便庭审

根据法律规定，在法庭审理过程中，辩护人可就案件事实证据向被告人进行发问，公诉人或检察员也可以就案件事实证据向被告人进行讯问。实践中，无论是一审开庭还是二审开庭，发问和讯问一般由控辩（或检辩）双方交叉进行，以他们为主。但是，在审理过程中，也需要法庭进行补充讯问。尤其是刑事案件二审开庭，承办法官当庭补充讯问不可或缺。有的一审判处死刑的二审刑事案件被告人没有委

托辩护人，根据法律规定，法庭往往通知法律援助中心为其指派承担法律援助任务的律师担任辩护人。有的援助律师比较敬业认真，但也有的不太尽责，比如，在二审开庭过程中，该发问的不发问，或对被告人的发问过于简单，有时再加上检察员发问也比较简单，这些时候就需要法庭进行补充讯问，以进一步查明事实、固定证据。对于二审承办法官来说，在法庭上怎么讯问被告人，就是一个集中展示法官司法能力和案情熟悉程度的重要环节。实践证明，事先充分阅卷和制作阅卷笔录，往往起到简化案情，明确讯问审查重点的作用，操作起来也方便。

（三）为审理报告的制作提供依据、方便汇报

案件汇报，是指承办人员在通过阅卷、提讯、开庭等工作查明案件有关情况，全面熟悉了解案件事实证据、定罪量刑等问题，形成处理意见的前提下，以口头或书面形式向合议庭成员、审判委员会说明案件情况、提出对案件的处理意见，为合议庭、审判委员会决策提供参考依据的办案活动。案件汇报分为口头汇报和书面汇报两种。口头汇报，是指承办人用口头叙述的形式向合议庭或审判委员会成员直接阐述案件问题，提出案件处理意见，便于合议庭、审委会当面提问、作出决策。而书面汇报，则要求承办人员制作审理报告，以书面形式就被告人的基本情况、案件的侦破以及抓获经过、犯罪事实及认定依据、检辩双方的主要观点及分析处理意见等内容向合议庭、审判委员会报告。而阅卷笔录的内容一般就包括被告人的基本情况、犯罪事实以及认定依据、阅卷看法等方面，核心是有关证据的摘录，在口头汇报过程中，阅卷笔录就可以当作汇报的提纲。如果需要书面汇报，那

阅卷笔录就可当作审理报告的草稿。有了阅卷摘录，可以大大提高审理报告的制作质量和效率。实践证明，只有通过认真、全面、有效地阅卷，做到对证据信手拈来，才不致在合议庭、审委会汇报时忙乱地翻阅卷宗。

三、发现疑点、精准审查

阅卷对于发现疑点、精准审查、确保办案质量，尤为重要。事实上，阅卷无论对律师，还是对法官、检察官都是很重要的。对律师来说，阅卷要解决的问题，至少有这些：是否有对被告人有利的证据没有入卷？是否有程序性辩护空间？如何形成实体性辩护方案——无罪、罪轻？是否需要调查取证？等等。对法官来说，阅卷对于发现疑点的作用，主要体现在以下几方面：

（一）发现被告人身份疑点

近年来，司法实践中，刑事案件被告人冒用他人姓名，盗用他人身份证或者以自报名方式隐瞒真实身份，导致最终案件当事人姓名“张冠李戴”的现象时有发生，引发社会广泛关注，部分身份被冒用者到法院申诉，要求恢复名誉，既容易对当事人名誉造成损害，也极易使司法机关处于十分尴尬的境地。这些现象在流动人口较多、经济相对发达的东部沿海地区较为突出。从实践情况来看，刑事案件中被告人冒用他人身份的情况多发生在侵犯财产型犯罪，集中在抢劫、盗窃、诈骗、抢夺等财产占有型案件，且大多数存在于被告人自报姓名的案件中。之所以冒名能够成功，从原因角度探究，主要有两种情形：一种是利用他人遗失的身份证，冒用他人身份信息；另一种是直接冒用自己亲戚朋友的身份。因此，通过阅卷精准审查确认被告人身份是否真实、在案证据材料有无疑点、被告人是否存在谎报迹象，就显得非常重要。

（二）发现案件的侦破疑点

实践中，办案人员要审查破案的过程和方法是否正常，侦查机关将被告人列为犯罪嫌疑人的依据是否合理、充分，掌握被告人犯罪线索的证据来源是否合法等。一旦发现疑点，必须与侦查人员进行核实，作必要核查，由侦查人员作出解释或说明，难以作出合理解释说明的，要依法排除使用。

（三）发现定案的证据疑点

刑事案件能否定案，是指这个案件认定被告人所为的证据是否确实、充分，综合在案证据情况，是否已经排除合理怀疑。尤其是命案的审查，能否发现定案的证据疑点，既是阅卷审查的主要任务，也是考验法官司法能力的地方。从实践情况来看，与定案有关的主要问题包括：被告人有无作案动机？有无作案时间？有无第三人作案的可能？有无遗漏同案犯？等等。

（四）发现量刑的证据疑点

典型的量刑情节有自首、立功等诸种情形。近年来实务界在自首和立功情节的司法认定以及相应的刑罚裁量过程中出现了一些不容忽视的问题：有的该认定自首立功的没有认定，影响了公正处罚；有的对自首立功的条件掌握得过于宽泛，将与自首、立功本质特征不符的行为认定为自首、立功；有的则因掌握标准不统一而出现操作混乱的局面。因此，在阅卷过程中，办案人员通过认真审查发现自首、立功等量刑情节证据上的疑点，一定程度上可以避免或减少此类情况的发生，确保司法公正。据报道，多年前，曾有几名吸毒人员在戒毒期间，为逃避两年的劳动教养处罚，竟串供编出一个贩毒假案，并向警方“自首”，企图通过获得几个月的有期徒刑来“以小换大”，自认为编造得天衣无缝的作案过程，最终却被办案人员从细节入手识破。

四、确定思路、明确方向

无论是刑事案件的办理，还是民商事案件的审理，承办法官能否通过阅卷有效形成正确的案件审理思路、把握审理重点、明确审理方向，非常重要。据报道，上海市长宁区人民法院在案件检查中发现，超审限未结民商事案件除送达不能等客观原因外，还存在一些主观原因，主要表现为四个不固定：（1）诉讼请求不固定导致审判效率低下；（2）法律条文不固定导致审判思路无法固定，法律推理的出发点不能确定，法律推理的正确性自然亦无从判断；（3）证据材料不固定导致鉴定时间冗长；（4）诉讼主张不固定。为此，长宁区法院总结归纳出了要件审判九步法：这一方法以固定权利请求及请求权基础为出发点，以要件分析为基础，从争点整理到事实查明，再到要件归入并作出裁判，审判过程分为九个环环相扣的步骤。《要件审判九步法及其基本价值》一文最早发表于2011年《人民司法》，[①] 一经发表，即在实务界产

① 邹碧华：《要件审判九步法及其基本价值》，载《人民司法》2011年第3期。

生了巨大影响。九个步骤环环相扣又层层递进，清晰地勾画出法官审理案件的思维导图，不仅对培养法律思维方法和提高法律适用能力具有很强的启发意义，更是律师办案、法官审案的实际操作指引。

实践中，不同类型案件的审理思路往往是不同的，这就需要法官在阅卷过程中结合个案的具体情况加以把握。就阅卷对于确定审理思路、明确审理方向的意义而言，具体表现在以下几个方面：

（一）为庭前准备提供依据

承办法官通过阅卷熟悉了解案情之后，就知道案件存在哪些需要解决的问题，有针对性地做好庭前准备。比如，是否需要通知法律援助机构指派辩护律师，被告人是否具有出庭受审能力，有无必要通知证人、鉴定人出庭作证，有无需要侦查机关在庭前补查补证的内容，是否公开审理，公开的范围和程度如何把握，等等。

（二）为庭审质证做好准备

质证是指当事人、辩护律师、诉讼代理人及第三人在法庭的主持下，对当事人及第三人提出的证据就其真实性、合法性、关联性以及证明力的有无、大小予以说明和质辩的活动或过程。广义的质证通常指在诉讼或仲裁活动中，一方当事人及其辩护人、代理人对另一方出示的证据的合法性，与本案争议事实的关联性、真实性，是否有证明力，是否可以作为本案认定案件事实的根据，所进行的说明、评价、质疑、辩驳、对质、辩论，以及用其他方法表明证据效力的活动及其过程。狭义的质证仅指诉讼活动中，在证据交换程序中或是在法庭审理过程中的法庭调查阶段进行的前述活动。可以说，质证是查明案件事实真相的决定性步骤，是直接原则、言词原则的具体体现，是当事人的法定诉讼权利。而阅卷是质证的根本依据，没有良好的阅卷成果，难以做好法庭质证。

（三）为案件审理指明方向

如果没有充分的庭前阅卷，法官就不知道被告人为什么上诉，当事人为什么打官司，不知道双方争议的焦点和问题是什么，不知道有哪些事实需要在庭审中查清，案件就很难审好。如果先阅卷，让自己对案件有个初步的认识，对如何进行审理心中有个规划，工作就会显得主动、有成效。比如，在办理合同诈骗案件过程中，法官通过阅卷发现被告人在侦查阶段就不承认自己有非法占有目的的诈骗犯罪故意，被告人主观上是否具有合同诈骗犯罪故意是一审控辩双方争议的焦点。如果您是二审法官，就自然会将被告人主观上是否具有非法占有他人财物的诈骗犯罪故意作为审查的重点；而要确定被告人主观上是否具有非法占有他人财物的合同诈骗犯罪故意，您必须重点审查几个要素：行为人签订合同的主体是否适格？有无欺诈的行为表现？取得对方财物后是否用于生产经营？有无非法处置滥用财物？造成款项不能归还的原因是什么？事后有无积极采取措施控制减少或弥补对方的损失？有无搪塞敷衍对方？等等。通过审查行为人事先、事中、事后一系列行为表现来综合分析判定其主观上是否具有非法占有他人财物的目的、有无合同诈骗的故意。而这些审理思路和重点的形成都离不开法官的阅卷活动。只有事先充分阅卷，才能避免少走弯路，有利于审判效率的提高。

•专题二　阅卷的主要任务：阅卷着重解决什么问题

阅卷的主要任务在于通过审阅全部案卷材料，熟悉和了解案情，审查案件的基础法律关系、当事人的身份与主体资格、案件的主管与管辖、控辩双方的主要意见、证明案件事实的证据等内容。法官阅卷不仅审查法律、事实问题，还要通过阅卷分析掌握当事人诉讼的原因与动机、有无调解的可能，以及被告人、被害人亲属的情绪变化等案外情况。法官的阅卷质量与法官的观察能力、记忆思维能力、法律知识与经验等个性因素均有关系。

一、逐一审读、吃透案情

（一）审查、核实被告人和其他诉讼参与人的基本情况

实践中，涉及被告人的身份等基本情况，需要审查核实的内容主要包括以下几个方面：

1. 核实被告人的户籍证明情况

按照起诉书（一审刑事判决书）载明的被告人身份等基本情况，要翻阅卷宗原始材料逐一进行核实、审查，包括被告人姓名、曾用名、出生年月日、籍贯、出生地、文化程度、户籍地、暂住地等信息是否准确无误。实践中，在核对身份信息时，要注意审查有关户籍证明是否规范、是否由被告人户籍地当地公安机关盖章、户籍证明上有无被

告人照片（图像）、有无亲属信息。实践中，有的户口信息系侦查人员直接从网上打印下来的，容易出错，或“张冠李戴”。

2. 核实被告人被采取强制措施的有关情况

包括被告人何时归案、被刑事拘留的时间、被逮捕的时间、目前羁押地点等信息，对没有羁押的（一般为取保候审）被告人，进一步核实被取保候审的时间以及决定取保候审的司法机关，是否需要变更强制措施，对需要换押的，还要及时办理换押手续。

3. 核实被告人有无受审能力等有关情况

包括被告人的身体条件、是否会普通话等情况。如果是外国籍或少数民族被告人，还要了解被告人的语言、宗教信仰等情况。

4. 核实被告人有无委托辩护人等有关情况

如果有委托辩护人，则要审查委托辩护的手续是否完备、委托书上有无被告人本人的签名（家属委托辩护人的，有无征得被告人本人同意）、律师事务所有无出具公函、辩护人是否具有律师执业资格等情况。

5. 核实被告人有无赔偿能力以及家庭成员等有关情况

在办理一些命案、故意伤害或侵犯他人财产权利的刑事案件过程中，被告人有无赔偿、退赔能力，非常重要，因此是阅卷审查的重点。需要审查的具体内容，视具体案情而定，可包括被告人的个人财产状况、有无赔偿能力、主要家庭成员的经济状况等。

在办理刑事案件过程中，除了要审查、了解被告人的基本情况外，还必须审查、了解被害人及其亲属的基本情况。包括被害人的年龄、户籍地址、伤亡情况、案发前从事职业，附带民事诉讼原告人的姓名、住址、联系方式，是否附有相关证据材料等情况。既要依法保障被告人的诉讼权利，又要充分保障附带民事诉讼原告人的诉讼权利，还要注重依法保障辩护人和代理人的执业权利。

（二）审查、核实案件的侦破情况以及抓获经过

审查、核实刑事案件的侦破情况以及抓获经过，一般体现在以下几个方面：

1.核实刑事案件受案登记表、破案登记表

这些登记表中，会有一些有关案件侦破情况以及抓获经过的描述，但该部分内容往往是办案民警手写记录而成，信息的完整性和可靠性不是很有保障。

2.核实专门的侦破报告或有关破案、抓获经过的情况说明

这是侦查机关为下一道司法工序专门出具的有关侦破情况以及抓获经过的情况说明材料，是比较可靠的证据材料，是阅卷审查的重点。一般来说，通过该份材料基本可以掌握整个刑事案件的发生、揭发或侦查、破获过程的情况，包括时间、地点、涉及的主要人物、破案线索的来源、侦查机关确定犯罪嫌疑人的过程和方法、抓获犯罪嫌疑人的过程和方法等内容，重点在于了解怎样发现和掌握被告人的情况。值得注意的是，公安机关对通过专门技术手段破案的情况，一般出具的内容都相对比较简单，必要时可以向侦查机关进一步了解、核实，目的在于确定破案的过程是否正常，破案方法的合理性和可行性如何。从实践情况来看，有关破案经过的情况说明往往不止一份，在检察院审查起诉阶段，公诉人可能会让侦查人员出具补充情况说明，到了一审法院，法官也可能会让侦查机关出具补充情况说明。由于侦查使用

的技术手段需要一定程度的保密，所以在实践中，作为审判人员也应当充分理解和支持侦查机关的工作，以必要为原则，如果在案证据材料足以说明案发过程正常，破案方法合理、可行，那也没有必要打破砂锅问到底。对于一些直接影响定案、必须搞清楚的破案过程和方法，该搞清楚的，还得搞清楚。

3. 核实相关证人证言以及被告人在侦查阶段的首次供述

证人证言中，往往是目击证人以及首次发现被害人尸体、向公安机关报案的当地群众的陈述之类，直接记录了案件的部分侦破信息。此外，公安机关将犯罪嫌疑人抓获归案后，一般会在第一时间对嫌疑人进行审讯，该犯罪嫌疑人往往会在第一次讯问笔录中交代自己案发后逃跑的经过以及被公安机关抓获的时间、地点等经过。

（三）审查、核实案件的管辖

刑事诉讼管辖是指国家专门机关依法受理刑事案件的职权范围内的分工，即侦查机关与审判机关之间以及审判机关内部在直接受理刑事案件方面的分工，其中侦查机关与审判机关之间以及侦查机关内部的职能分工称为立案管辖，审判机关内部审理第一审刑事案件的分工，称为审判管辖。《刑事诉讼法》第 25 条对地域管辖作出了明确的规定："刑事案件由犯罪地的人民法院管辖。如果由被告人居住地的人民法院审判更为适宜的，可以由被告人居住地的人民法院管辖。"由此，在阅卷审查、核实地域管辖问题时，应当注意审查把握以下几点：

1. 审查把握"犯罪地"问题

根据法律规定，刑事案件原则上由犯罪地的人民法院管辖。其中的"犯罪地"包括犯罪预备地、犯罪行为实施地、犯罪结果发生地和销赃地。犯罪地在几个人民法院辖区内的，这几个人民法院对该案件都有管辖权。法律规定刑事案件原则上由犯罪地的人民法院管辖的理论根据在于：首先，犯罪地是犯罪证据集中的地方，便于犯罪地的公安机关、人民检察院迅速、全面地收集证据，查清案件事实，也便于犯罪地的人民法院审理核实证据，正确及时地审判案件。其次，犯罪地的人民群众最关心本地所发生的案件的审判，刑事案件由犯罪地的人民法院审判，便于当地群众去旁听人民法院对案件的审判，对审判活动进行监督，同时发挥人民法院庭审的教育作用。最后，犯罪地的人民法院通过审判自己辖区内发生的各种犯罪案件，便于人民法院全面掌握犯罪情况，研究总结犯罪的特点、规律和趋势，提出防范建议和措施，搞好综合治理，预防和减少犯罪。

2. 审查把握“被告人居住地”问题

根据法律规定，如果根据案件和被告人情况，由被告人居住地人民法院审判最为适宜的，可以由被告人居住地人民法院管辖。其中“被告人居住地”包括被告人的户籍、住所地。审判实践中，由被告人居住地人民法院审判更为适宜的刑事案件一般包括：被告人流窜作案，犯罪地界限不清，其居住地群众更加了解案情，对被告人的押送又有比较安全方便条件的案件；被告人在居住地民愤很大，当地群众强烈要求在其居住地审判的；被告人可能判处有期徒刑、拘役、缓刑或者管制，而应在被告人居住地进行监督考察和改造的案件，等等。

3. 审查把握“共同管辖”的移送或指定问题

根据《刑事诉讼法》第二章管辖的规定，由于被告人的犯罪地或被告人的居住地有时可能包括多个地方，涉及多个人民法院，出现几个同级人民法院对某一刑事案件都有管辖权的情况，即共同管辖。如被告人所犯数罪或一罪的数次行为分别在不同地区实施，或者犯罪行为在甲地预备，在乙地实施，而犯罪结果发生于丙地等。在这种情况下，如何确定管辖，《刑事诉讼法》第26条作出明文规定：“几个同级人民法院都有权管辖的案件，由最初受理的人民法院审判。在必要的时候，可以移送主要犯罪地的人民法院审判。”为了解决实践中可能存在的因管辖不明而引起的互争管辖或者互相推诿，或因某种原因使有管辖权的人民法院不宜行使管辖权的，《刑事诉讼法》第27条规定：“上级人民法院可以指定下级人民法院审判管辖不明的案件，也可以指定下级人民法院将案件移送其他人民法院审判。”司法实践中，两个或两个以上同级人民法院对管辖权发生争议的，首先应当协商解决，协商不成的，应当报请争议各方共同的上级人民法院指定管辖。上级人民法院指定下级人民法院将公诉案件移送其他人民法院审判的，应当商请同级人民检察院指令下级人民检察院撤回起诉，然后将案件移送与管辖案件的人民法院相对应的人民检察院再提起公诉。

（四）审查把握控辩双方的主要意见

控辩双方是刑事诉讼的主要参与者。审查、了解控辩双方针对案件事实、证据等问题所持的意见、主张及理由，是法官阅卷的主要任务。实践中，法官阅卷应当注意把握以下几方面：

1. 审查把握公诉机关的指控内容

通过阅读起诉书、听取公诉、出庭意见等内容，了解把握检察机关对被告人指控的罪名、犯罪事实、犯罪情节、认定依据、诉讼请求以及理由和根据。一般来说，检察机关比较注重指控罪名的选择以及相关证据的罗列，对有些量刑情节有明确认定，而对有些量刑情节则采取模糊认定或不表态。因此，实践中，要特别注意审查起诉书中有无认定被告人构成自首、立功等情节，有无区分主从犯，有无认定被告人为从犯等量刑情节，了解公诉人对特定量刑情节的态度。有附带民事诉讼的，还要进一步了解附带民事诉讼原告人所诉的主要内容，包括事实、情节、证据、诉讼请求事项及其理由和根据等。

2. 审查把握被告人的供述、辩解内容

审查了解被告人在侦查阶段、审查起诉阶段以及一审庭审中对犯罪事实的供述和辩解情况，针对起诉书指控内容所作出的辩解内容及其理由、根据。实践中，有的被告人在侦查阶段、审查起诉阶段和一审法庭上的供述前后并不一致，越是后面工序的司法人员在办案过程中越应全面梳理和把握被告人的口供变化情况，分析口供变化的原因，提出审查意见。

3. 审查把握辩护人的主要辩护观点

要审查、了解辩护人围绕公诉机关指控的犯罪事实、证据以及适用法律、指控罪名、量刑情节等内容提出的辩护意见和理由。如果是二审刑事案件，承办法官不仅要审查、了解二审辩护人的主要观点，还要深入了解、审查一审辩护人在一审法庭上的辩护意见，对比一审、二审辩护人辩护内容的差别、有无新的观点，以便全面了解案情。

（五）审查、核实犯罪事实及其认定依据

犯罪事实及其认定依据的阅卷审查，是法官办案的核心内容。在这个环节应当注意把握以下几点：

1. 审查、核实案件的现场勘查笔录、物证等客观性证据情况

审查、了解现场所处的地区方位、周边环境、尸体所在位置，现场有无提取指纹、血迹等客观性证据，有关指纹、血迹等痕迹证据有无鉴定，鉴定结果是否显示系被告人所留。同时，要审查、把握法医学尸体检验报告、法庭科学DNA鉴定意见等鉴定意见。重点在于审查分析现场有无提取到能够直接锁定被告人行凶作案的客观性证据。比如，在某一抢劫并致被害人死亡的刑事案件中，侦查机关从案发现场提取到一可口可乐瓶，从该可口可乐瓶口拭子经DNA鉴定，确认系被告人所留痕迹；从现场死者左手掌上提取到了被告人遗留的脱落细胞；当晚抓获被告人时从其所穿衣服、牛仔裤上提取到经DNA鉴定系被害人所留的血迹；从被告人身上查获了被害人生前使用的手机，这些客观性证据都是具有很强证明力、能够直接锁定被告人行凶抢劫作案的客观性证据。值得注意的是，在审查这些客观性证据过程中，一定要注意对客观性证据进行程序性审查。比如，指纹的来源、血迹的来源及其提取程序，用于比对的指纹和血迹提取过程和方法，有无拍照规定，是否存在其他人为导致客观性证据“失真”的可能性，以防万一。

2. 审查、核实“言词证据”与客观性证据的印证情况

普通的言词证据，一般体现为证人证言。不同性质的刑事案件，证人的情况各不相同。以故意杀人为代表的刑事案件中，有些证人系目击犯罪的目击证人，有的系第一个发现被害人尸体并打电话报警的当地村民、群众，有的系被告人作案前后乘坐的出租车或三轮车司机，有的系被告人购买作案工具的超市老板，有的系出租房房东，有的系

被害人亲属，等等。在审查过程中，一定要注意把握证人的年龄、身份、作证的时间等因素，审查分析证人证言的真实性及其与在案证据的印证情况。

3. 审查、核实被告人供述的变化情况及其与在案证据的印证情况

犯罪嫌疑人、被告人的供述和辩解，俗称“口供”，是指犯罪嫌疑人、被告人就有关案件情况向公安司法人员所作的陈述，包含供述和辩解两种情况。供述又表现为自首、坦白和承认，而辩解不仅包括无罪辩解，也包括主张依法不应当追究刑事责任或者应当从轻、减轻或者免除处罚的申辩，表现为否认、反驳、申辩等。就此问题，《刑事诉讼法》规定，公诉案件中被告人有罪的举证责任由人民检察院承担，自诉案件中被告人有罪的举证责任由自诉人承担。（第 51 条）审判人员、检察人员、侦查人员必须依照法定程序，收集能够证实犯罪嫌疑人、被告人有罪或者无罪、犯罪情节轻重的各种证据。严禁刑讯逼供和以威胁、引诱、欺骗以及其他非法方法收集证据，不得强迫任何人证实自己有罪。必须保证一切与案件有关或者了解案情的公民，有客观地充分地提供证据的条件，除特殊情况外，可以吸收他们协助调查。（第 52 条）对一切案件的判处都要重证据，重调查研究，不轻信口供。只有被告人供述，没有其他证据的，不能认定被告人有罪和处以刑罚；没有被告人供述，证据确实、充分的，可以认定被告人有罪和处以刑罚。（第 55 条）采用刑讯逼供等非法方法收集的犯罪嫌疑人、被告人供述和采用暴力、威胁等非法方法收集的证人证言、被害人陈述，应当予以排除。（第 56 条）实践中，对被告人口供的审查和认定，应当注意把握以下几个问题：

（1）注意审查口供的构成要素是否合法。根据《最高人民法院关于适用〈中华人民共和国刑事诉讼法〉的解释》第93条的规定：“对被告人供述和辩解应当着重审查以下内容：（一）讯问的时间、地点，讯问人的身份、人数以及讯问方式等是否符合法律、有关规定；（二）讯问笔录的制作、修改是否符合法律、有关规定，是否注明讯问的具体起止时间和地点，首次讯问时是否告知被告人有关权利和法律规定，被告人是否核对确认；（三）讯问未成年被告人时，是否通知其法定代理人或者合适成年人到场，有关人员是否到场；（四）讯问女性未成年被告人时，是否有女性工作人员在场；（五）有无以刑讯逼供等非法方法收集被告人供述的情形；（六）被告人的供述是否前后一致，有无反复以及出现反复的原因；（七）被告人的供述和辩解是否全部随案移送；（八）被告人的辩解内容是否符合案情和常理，有无矛盾；（九）被告人的供述和辩解与同案被告人的供述和辩解以及其他证据能否相互印证，有无矛盾；存在矛盾的，能否得到合理解释。必要时，可以结合现场执法音视频记录、讯问录音录像、被告人进出看守所的健康检查记录、笔录等，对被告人的供述和辩解进行审查。”

（2）注意审查供述和辩解有无变化、翻供的理由能否成立。包括被告人的供述是否前后一致，有无反复以及出现反复的原因；被告人归案后是否一直供认不讳；第一次突破口供为何时何地；被告人的所有供述和辩解是否均已随案移送，等等。一般来说，被告人的供述越稳定、自然，其可信度也越高。对于一些口供反复变化、翻供案件要注意审查甄别，既要防止被告人因态度狡猾而逃避应有的惩罚，又要防止因审查不细不严而冤枉无辜。值得注意的是，被告人的口供有两面性，一方面犯罪行为是被告人实施的，被告人当然最清楚犯罪过程和细节。因此，被告人的供述，会呈现许多侦查人员没有发现的细节，解开困惑侦查人员的问题，很多情况下，突破被告人的口供，侦查人员再按照被告人的供述收集证据，才能完成最后的定案。现在被告人“零口供”的案件不多，绝大多数案件被告人都会供述自己的犯罪；另一方面，被告人都存在逃避法律制裁的心理，因此，隐瞒、抵赖、推脱、避重就轻也是常态。每一个案件的被告人是否如实供述犯罪事实，都需要法官结合案件的其他证据和经验常识进行判断认定。对于被告人的供述，也有一些经验性判断方法。一般来说，被告人的第一次供述，要比后面的供述真实。特别是对于没有反侦查经验的被告人，在被抓捕后，心理防线崩溃，第一次被审讯可能会如实供述。但是，随着在拘留所时间的延长，被告人就会在拘留所里学到一些反侦查的经验，而且当被告人被抓捕当时的恐慌过后，就会开始思考如何避重就轻或者完全撇清自己的责任，其供述也会随之变化。当被告人的供述是逐步推翻自己最初的供述，而非一次性地翻供，那么，最初供述就更具可信性。

如有一起运输毒品案件，民警在服务区对长途客车进行例行检查时，因为被告人神情慌张，引起民警注意，并从被告人携带的提包里发现了一只印有“八仙茶”字样的塑料袋，里面隐藏一千克冰毒。民警当天在派出所对被告人进行了审讯，被告人供述是“老弟”让她把毒品从汕头运到杭州，答应给其5000元钱。在汕头是“老弟”给其开的宾馆，提包是“老弟”拿来在宾馆楼下交给她，其把自己的衣服用品也放到包里。第二天，民警在看守所里再次提审被告人，被告人说感觉包里的东西是毒品。第三次、第四次讯问，被告人说，“老弟”让其送东西到杭州，其开始并不知道“八仙茶”塑料袋里面是毒品，是民警当面打开，看到里面是冰毒。第五次讯问，被告人说“老弟”欠她5000元钱赌博款，其把东西送到杭州，“老弟”才会还给她这5000元钱。在开庭时，被告人说不知道“老弟”让其带毒品，装毒品的包是不是自己提上车的，自己也忘记了。在上诉状中又提出，自己不知道携带的“八仙茶”塑料袋里面是毒品。第一次录口供时，因为毒瘾犯了，脑子不清楚，当时说的是糊涂话。一个案件经过侦查、起诉、审判漫长的时间，被告人经过了长时间的反复思考，就可能一点一点地把与犯罪有牵连关系的事实都推给他人，否认自己先前的供述。像这样被告人无缘由翻供的案件，法官不能采信后面的供述。但是，如果被告人犯罪至案发时间比较久，或者犯罪次数比较多，那么，第一次供述不全面、不准确，后面供述对前面供述进行修改，这就不能全部归入无缘由的翻供范围，而是要考虑被告人记忆出现偏差的可能性，后面逐步回忆起一些细节，因而对前面的供述进行修正，如果有这种可能性的，就不能完全否定后面的供述。故对于被告人的供述，要结合其他证据进行判断。当然，现在累犯、再犯比较多，对于这些有反侦查经验的被告人，第一次供述比较可信的经验规则可能失效，往往要抓住现行，才会供认，否则就不会供认，“零口供”的案件也在增加。①

---

① 此处重点参考、吸收了刘延和法官的相关研究成果，在此表示感谢。参见刘延和：《如何审查以刑讯逼供为由的翻供》，载微信公众号“宁大刑事实务”，访问时间：2016年4月30日。

总之，审查被告人供述和辩解，应当结合控辩双方提供的所有证据以及被告人的全部供述和辩解进行。被告人庭审中翻供，但不能合理说明翻供原因或者其辩解与全案证据矛盾，而其庭前供述与其他证据相互印证的，可以采信其庭前供述。被告人庭前供述和辩解存在反复，但庭审中供认，且与其他证据相互印证的，可以采信其庭审供述；被告人庭前供述和辩解存在反复，庭审中不供认，且无其他证据与庭前供述印证的，不得采信其庭前供述。

（3）注意审查供述和辩解是否符合常理。包括被告人的辩解内容是否符合案情和常理，有无矛盾；被告人的供述和辩解与同案被告人的供述和辩解以及其他证据能否相互印证，有无矛盾。必要时，可以调取讯问过程的录音录像、被告人进出看守所的健康检查记录、笔录，并结合录音录像、记录、笔录对上述内容进行审查。

（4）注意审查口供是否存在不得作为定案依据的“硬伤”。根据《最高人民法院关于适用〈中华人民共和国刑事诉讼法〉的解释》第94条的规定：“被告人供述具有下列情形之一的，不得作为定案的根据：（一）讯问笔录没有经被告人核对确认的；（二）讯问聋、哑人，应当提供通晓聋、哑手势的人员而未提供的；（三）讯问不通晓当地通用语言、文字的被告人，应当提供翻译人员而未提供的；（四）讯问未成人，其法定代理人或者合适成年人不在场的。”但是，《最高人民法院关于适用〈中华人民共和国刑事诉讼法〉的解释》第95条规定：“讯问笔录有下列瑕疵，经补正或者作出合理解释的，可以采用；不能补正或者作出合理解释的，不得作为定案的根据：（一）讯问笔录填写的讯问时间、讯问人、记录人、法定代理人等有误或者存在矛盾的；

（二）讯问人没有签名的；（三）首次讯问笔录没有记录告知被讯问人相关权利和法律规定的。”

（5）注意审查被告人有无交代出侦查人员一般情况下难以掌握的事实信息。“先证后供”和“先供后证”的区别在于，如果被告人供述在先，然后侦查人员找到符合供述的证据，那么，定案就比较放心。比如，根据被告人供述，提取到已经被丢弃的犯罪凶器，被害人的手机，或者被告人的供述与之后侦查发现的特定场景吻合，那么，这种情况是可以定案的。有的案子，被告人不供述就根本定不了案，是被告人的供述才使案件真相大白，这种供述就比较可靠。因此，《最高人民法院关于适用〈中华人民共和国刑事诉讼法〉的解释》第141条规定，根据被告人的供述、指认提取到了隐蔽性很强的物证、书证，且被告人的供述与其他证明犯罪事实发生的证据相互印证，并排除串供、逼供、诱供等可能性的，可以认定被告人有罪。该规定实际上就是前述经验的总结。

4. 审查、核实有关辨认、指认笔录及其与在案证据的印证情况

辨认是司法实践中普遍采用的一种查明案情的方法，它对于侦查破案和确定犯罪人具有重要的作用。依据辨认标准的不同，辨认可分为以下不同的种类：

（1）根据辨认对象的不同，可分为人身辨认、照片辨认、物品辨认、场所辨认以及尸体辨认；

（2）根据辨认方式的不同，可分为“一对一”辨认和混杂辨认，其中混杂辨认中又包括了对照片、物品的混杂辨认以及对嫌疑人的列队辨认；

（3）根据辨认主体的不同，可分为被害人辨认、犯罪嫌疑人（被告人）辨认以及证人辨认；

（4）根据辨认阶段的不同，可分为侦查辨认和法庭辨认。

2012年第二次修正后的《刑事诉讼法》把辨认笔录规定为一种独立的证据形式。因此，辨认笔录往往是案卷材料中的一个重要内容，是法官阅卷审查的重点。实践中，审查辨认笔录应当注意以下几个问题：

（1）审查辨认的程序是否合法。根据法律规定，辨认应当在侦查人员的主持下进行。主持辨认的侦查人员不得少于二人。组织辨认前，应当向辨认人详细询问辨认对象的具体特征，避免辨认人见到辨认对象。

（2）审查辨认是否有诱导和暗示的可能。根据法律规定，辨认时，应当将辨认对象混杂在其他对象中，不得给辨认人任何暗示。在辨认前，应当向辨认人详细询问被辨认人或者被辨认物的具体特征，禁止辨认人见到被辨认人或者被辨认物，并应当告知辨认人有意作假辨认应负的法律责任。辨认犯罪嫌疑人时，被辨认的人数不得少于七人；对犯罪嫌疑人照片进行辨认的，不得少于十人的照片。如某故意杀人案中，公安人员通知被害人的母亲“你女儿已经被害，我们找到了她的尸体，已经腐烂。你去辨认一下”。家属见到尸体痛哭。这是在警察诱导下的错误辨认。

（3）审查辨认是否个别进行。根据法律规定，几名辨认人对同一辨认对象进行辨认时，应当由辨认人个别进行。社会心理学研究表明：当多数证人一起为成列指证时，若有一位证人指出其中一人为嫌疑犯时，其他证人常无意识地受到压力，不能与前一证人作出不同的指证，必须指证相同嫌疑犯，证人通常有此压力或倾向而不自觉。因此，如果需要多名证人参加列队辨认，应当单独进行辨认，以便最大限度地减少信息交叉污染的可能性。同时，我们还要审查辨认、指认笔录与在案证据能否相印证。比如说，被告人指认某超市为作案前购买凶器的地点，该指认与超市老板证实的时间、购买人特征、经过等情节、细节能否相互印证。

5.审查、核实“法律文书”记载案情事实的差异情况

不同司法工序中的承办人掌握的法律文书是不同的。刑事案件发生后，从侦查、审查起诉到一审判决，再到二审，经历不同的环节，有不同的诉讼文书。在侦查阶段，有提请批准逮捕书、起诉意见书，检察院审查起诉阶段有起诉书，一审有刑事判决书，这些文书对犯罪事实起到了梳理和固定的作用，但有时也会限制了承办人的审查视野。一方面，承办法官要认真审查上述法律文书对犯罪事实的认定是否一致，包括犯罪次数认定是否一致，犯罪的具体情节表述是否一致，以及对被告人归案情况，是否具有自首、立功表现等罪后情节的认定是否一致，前后差异体现在哪些地方，相关事实证据情况如何；另一方面，还要不受现有法律文书所“冻结”事实范围的限制，尽可能恢复案件的原貌，来考察案件的起因、发展、经过等情况，分析事实认定的合法性和合理性，是否有违生活常识、常理、常情。作为二审法官，重点要针对起诉书指控和原判认定的犯罪事实及认定依据进行阅卷审查，同时结合公安机关起诉意见书来分析，一并考察全案事实认定及证据情况，确保事实认定清楚，证据确实、充分，对存在的问题能够排除合理怀疑。

二、既审事实、又审法律

事实与规范的关系一直是困扰人们的基本问题之一，法学也主要围绕事实与规范展开自己的历史，而生成无数的论题。[①]尽管在裁判的形成中，法学界对法官如何处理事实与规范之间的关系存在不同认识，但司法裁判始终围绕案件事实的建构和法律规范的发现而展开已是一个不争的事实。无论人们对法官如何审查处理案件事实与裁判规范之间的关系作出何种理论诠释和注解，就事实本身而言，案件事实的形成是一个由人的主观心理因素参与而客观存在的独立的内在过程，就规范本身而言，裁判规范的发现也是一个独立的内在过程。但是，大量的理论研究和无数的司法体验又告诉我们另一个事实——事实与规范之间并非先后相继形成，法官并非在时间上先审查认定事实；再寻找法律规范，或先发现裁判规范，再建构事实；而实际的情况是，事实问题与法律问题往往相互交织和穿透，互相影响，事实的形成与规范的发现是互动的交错审查过程。换言之，事实的内容往往极为丰富、广泛、复杂，而法官只关心有法律意义的事实；同时，法律规范也浩如烟海，由一个个规范群组成，法官只能关心与手头案件有密切关系的法律。因此，事实与规范的处理必须相互关照，才能完成裁判这一目的任务。而事实与规范的相互关照，则需要法官的目光“在事实与规范之间往返流转”，目的是“事实与规范的相互拉近”。其具体的进路，就是分别以事实或规范为重心，与对方拉近距离，寻找最佳的匹

① 参见郑永流:《法律判断形成的模式》，载《法学研究》2004年第1期。

配。司法实践中，根据案件的难易程度及具体案情，法官的裁判进路会呈现出以下三种实践形态：

（一）以事实为重心：在事实的指引下寻找规范

这是事实与规范互动的第一条进路。其基本的模式是，在诉讼活动中，有关事实已经查明、确定，法官不需要再进行事实发现的活动，也不存在事实裁剪的余地，只要根据认知的事实去寻找相应的法律规范就可以了。由于“事实”是先确定的，“事实”就自然成为拉力的“重心”，法官的工作是以“事实”为基准，在特定的法律渊源中寻找和发现裁判规范，所以称之为“在事实的指引下寻找规范”。

（二）以规范为重心：在规范的指引下认定事实

具体而言，此处使用的“认定事实”实际上包含以下两个层面的含义：

1.“建构”事实

凡是被称为“事实”的东西，它都离不开作为主体的人对它的认知和信息加工，最终都属于主体“建构”（重建）的产物。但“建构事实”是以相关的原初事实转化而成，在转化的过程中，又加入了人的注意和选择。法官作为一个专业人员，他对事实的筛选并非盲目随意进行，而要根据规范的指引，以职业素养和道德良知为基础，才能确保司法的公正性。

2.“筛选”事实

这是法官对经“纵向”建构的案件事实作最后的“横向”筛选。审判实践中，为了拓宽审判思路，法官经常会从比较宽广的范围来“建构”事实，将对法律评价可能有意义的事实都发现出来，形成不同的裁判方案，在此基础上通过反复比较和权衡不同的裁判效果形成裁判结论。

（三）彼此互为重心：事实建构与规范发现交错进行

在现实案件中，我们经常会遇到这样一种现象，即根据当事人的起诉或检察机关的指控，实际上已经完成了对案件事实的初步建构和法律规范的初步寻找，从当事人的陈述或诉讼请求中我们可以看出本案大致的事实梗概以及可能需要适用的法律规范，法官的审理工作无非就是在事实的指引下寻找法律，或在法律规范的指引下单向发现事实。但随着案件阅卷审理的深入，法官又可能会发现（建构）了新的事实，或新的法律规范。面对新的事实，法官又会进行新一轮的“找法”工作，将规范往事实这边拉近。当面对新的规范，也会进行新一轮的事实发现，将事实往规范这边拉近。整个裁判的过程，经历了根据事实找规范，又根据规范找事实，事实的建构与规范的发现活动呈现出交错进行、交互分析处理的状态。其间，法官一方面使抽象的法律规范经由“解释”等方法成为具体化的构成要件；另一方面，要将具体的案例事实经由“结构化”成为类型化的案情。

在对“事实”与“规范”互动匹配的过程中需要司法方法，其中设证、类比和解释是必不可少的三大法律方法。当然，“解释”又有不同的解释方法。依笔者浅见，根据法的发现与证立二分的观念，法律解释与规范发现完全不同，法律解释是对“发现”的规范进行论证和正当化的过程，而非“发现”本身或发现的组成部分，因此，解释的方法与发现的方法不同。

1. 设证

在逻辑学、心理学上即为假设检验说，是一种将认识由已知推向未知，进而变未知为已知的一种思维方法，包括提出假说、由假说推出结论、验证结论三个阶段。司法实践中，一个从“结论”出发的推论，必须建立在法官具有恰当的先前理解基础之上，其间，法官的道德良知、是非感和公平正义感等因素发挥着十分重要的作用，同时，办案法官应当保持开放的思维，随着程序的展开随时修正错误的设证，这些因素综合起来才能确保裁判的理性方向。

2. 类比

在成文法国家，法律是对将来发生案件的一种预测，每一个法律规定，总有一种典型的对应案件模式。所谓类比，就是当法官手头案件没有明确的法律规定作为大前提时，要借用实然的先前个案或应然的案件模型中的大前提作为手头案件的大前提。类比的意义就是找出案件间的相似点进行比较，实质是由此及彼，属于形象思维的范畴，具有直观形象、说服力强的优势。我国目前正在建设中的案例指导制度，实际上就蕴含着类比的意义。抽象的法律规定，不可能提供详细、具体、感性的可比性标尺，而指导性案例的最大效用就是给当事人提供具体的、实在的评价尺度。案例的“指导性”，不仅体现在指导“司法者”通过案例类比实现和直观地证明司法公正，而且指导“被司法者”通过案例类比观察和体认司法公正，引领社会理性地对待司法判决。

3. 解释

解释属于论证、证立的范畴，包括对事实的解释和对法律的解释。而事实解释、法律解释又具有不同的解释方法，如通常所说的字义解释、目的解释、历史解释和体系解释等几种，在此不予赘述。值得讨论的是，目前理论界对事实解释的研究较少，应当予以重视。依笔者浅见，在法律解释论较为发达的今天，对事实的解释也应当纳入裁判方法论的研究范畴。对事实的讨论，应当区分典型事实与不典型事实。典型事实作为事实的常态，一般与构成要件能够形成对应。事实与规范的匹配过程，实际上就是判断该事实是否符合规范所要求的应然构成要件事实的过程。在典型事实的情况下，事实与规范匹配起来就比较容易。但在现实生活中，案件并非按照规范设计的典型模式发生。为了解决事实是否符合规范的问题，通常面临对不典型事实的解释。从表面上看，有的事实虽然不符合规范要求、似乎难以被规范所涵摄，但经过对事实的恰当解释，则“符合”了规范。实践中，不少案件与其说是解决法律适用问题，倒不如说归根结底是在解决“事实问题”。对“相关事实在法律上意味着什么”的理解与阐释，也会牵制法律的适用，应当予以重视和认真对待。

互动的完成和裁判结论的获得，应以法官认定案件事实与裁判规范已达成最佳匹配状态为止。正如法国学者所说：“三段论的大前提和小前提往往不表现为既定的因素，而是需要人们去认真探索、发现的。在探索的过程中，法学家们从事实出发来寻找恰当的规则，然而又回到案件的具体情况中来检验是否一致。在这有时费时颇久的往返运动中，法学家逐步深化着对大前提和小前提的分析，但不能迷失他最终应证明的一致性。” 在这一过程中，法官要审查分析是否对事实进行调整。对事实问题的调整，包含两层意思：（1）反思事实建构的真实性，必要时进行事实重构，以防止事实认定对客观真相的偏离。（2）反思事实裁剪的合理性，必要时进行事实的重新筛选。另外还要审查分析是否对裁判规范进行调整。对裁判规范的调整，也包含两层意思：（1）对规范进行重新寻找和发现，直到发现适应于当下案件特定事实的规范为止。（2）对规范进行重新解释，使之符合于当下案件的事实，使其呈现出事实与规范相互对应的“最佳匹配”状态。值得指出的是，事实与规范的匹配是一个在公平正义理念指导下，不断对应和调适的互动过程，这些思维过程的运作不仅需要法官职业道德和司法良知的支撑，还需要程序制度的监督与制约，确保司法公正的有效实现。

三、立足案情、延伸案外

刑事案件办理过程中，除了通过阅卷工作熟悉案情本身以外，还应当注意发现卷宗之外的事实和问题。所谓卷宗之外的事实和问题，大致包括以下几方面：

（一）了解、把握被告人方面的信息

主要包括：被告人的家庭情况、成长环境、教育经历、邻里关系、经济状况、有无赔偿能力、是否愿意赔偿、被告人亲属对被告人犯罪行为的态度、审理期间有无代为赔偿的意愿和意思表示、辩护人委托情况等内容。实践中，这些情况既可以通过实地走访，向被告人所在村、社区等基层干部、群众了解，也可以通过辩护律师、被告人亲友等途径侧面了解，比如，辩护律师是被告人的哪位亲属或亲友帮助其委托，这些信息，有时对案件的审理都会有帮助。通过了解被告人的家庭环境、成长经历、工作单位等因素，还可以进一步帮助分析被告人的个性特征、作案动机、有无改造的可能等。

（二）了解、把握被害人方面的信息

一个刑事案件发生后，被害人及其亲属对犯罪行为的态度如何，尤其是一些命案，被害人亲属面对亲人丧生，情绪往往比较激动。刑事案件中，有无被害人或其亲属的谅解对量刑影响较大，有谅解书的，一般可以从宽处罚。比如，最高人民法院、最高人民检察院印发的《关于常见犯罪的量刑指导意见（试行）》（2021 年 6 月 16 日，法发〔2021〕21 号）第 9 条规定，对于积极赔偿被害人经济损失并取得谅解的，综合考虑犯罪性质、赔偿数额、赔偿能力以及认罪、悔罪表现等情况，可以减少基准刑的 40% 以下；积极赔偿但没有取得谅解的，可以减少基准刑的 30% 以下；尽管没有赔偿，但取得谅解的，可以减少基准刑的 20% 以下。对于抢劫、强奸等严重危害社会治安犯罪的应从严掌握。因此，阅卷审查过程中，被告人方有无采取赔礼道歉、主动赔偿、上门看望等积极措施获得被害人亲属对犯罪行为的谅解，是案件审查的关键。

（三）了解、把握当事人诉讼的原因与动机

实践中，不少当事人包括刑事附带民事诉讼原告人走进法庭，面对人身损害、亲情反目或者婚姻破裂等生活中出现的重大变故，带来的绝不仅仅是纯粹的法律问题和简单的经济补偿。在参与诉讼的过程中，他们会有一些正常或合理的情感要求，如想得到理解和信任、得到尊重和保护、得到人文关怀、伸张正义等心理需要。这些正当的心理诉求应当在当事人与工作人员的沟通、咨询过程中以情感交流的方式尽量得到满足。法律虽然是冰冷的，但司法工作可以用生动而温暖的方式进行。司法过程中，法官要注重全面吃透案情，查找矛盾纠纷

的形成根源和症结所在，根据当事人的基本诉求，有针对性地运用积极关注、倾听、释义等心理学技术引导当事人形成正确的诉讼认知、把期望值调整到合理的范围。

（四）了解、把握有无调解的可能

调解体现了中华民族“以和为贵”的文化心理传统，是传统文化在新的历史条件下的延续和发展，能够缓解当前司法资源有限、司法能力不足与社会转型期利益冲突加剧、矛盾纠纷高发之间的供需矛盾，克服诉讼固有的局限性，最大限度地减少社会的对抗性，满足熟人社会纠纷解决需求，提高社会自治能力。在个案中，要通过阅卷审查，根据矛盾纠纷形成的症结，从有利于解决纠纷化解矛盾和实现案结事了的角度，根据案件情况分析双方当事人有无调解的可能，合理选择调解或判决。值得注意的是，调解的本意和最大优势在于能够充分体现当事人本人的意愿，因此，在实践中务必要坚持调解的自愿合法原则，尊重当事人的程序选择权，在合法的原则下进行调解，避免脱离实际制定调解指标，更不能硬调、以拖促调。

（五）了解、把握案件是否存在外部干预情况

党的十八大以来，在保障依法独立行使审判权方面取得了巨大成就。2015 年 3 月，中共中央办公厅、国务院办公厅印发了《领导干部干预司法活动、插手具体案件处理的记录、通报和责任追究规定》，中央政法委印发了《司法机关内部人员过问案件的记录和责任追究规定》，这些都表明了党中央保障依法独立行使审判权的坚定决心。从实践情况来看，非法干涉审判机关依法独立行使审判权的现象越来越少。但实践中，过问、插手、不当干预案件的现象还没有彻底杜绝。所以，后一道工序的承办法官

在阅卷审查原审判决过程中，还得注意分析原审判决是否依法独立公正审判的结果，有无存在非法干预或办关系案、人情案、金钱案的迹象。

（六）了解、把握案件处理的社会效果

司法究竟应该追求法律效果还是应该追求社会效果，虽然理论界对此有所争议，但主流的观点是司法必须兼顾法律效果和社会效果，努力做到法律效果和社会效果的统一。所谓社会效果，是指法官通过对具体案件的审理和裁判来实现法律的秩序、公正、效益等基本价值的效果，它要求法官摒弃孤立办案，就案办案的片面意识，通过案件审判，达到宣传法律、弘扬法治精神，消除矛盾、促进稳定的目的。社会效果强调的是法律对社会的一种规范作用，审判结果能否得到社会的公认。法官在办案过程中，既不能只顾法律效果而不顾社会效果，也不能只想着社会效果而忽视法律效果；既不能一谈严格司法就将社会效果置诸脑后，也不能提社会效果就对法律视而不见，搞法律虚无主义。在阅卷审查过程中，除了审查案情本身，也要注意审查、发现案件前道司法工序处理的社会效果，比如社会公众的反应、舆论情况是否平稳、当地村民和群众反映如何。实践中，经常会遇到群众写“联名信”，法律专家出具“专家意见书”等情况，对这些既要重视，又防止走偏。

第三讲

阅卷的形式与种类

——因案而异选择灵活多样的阅卷形式

司法实践中，案件千姿百态。就法官个体而言，如何根据案件的个性特点，因案而异地选择适合自己的阅卷形式和方法，全面提高阅卷质效，非常重要。本讲在前述明确阅卷的功能和任务的基础上，着重对阅卷的形式与种类作一番梳理和理论探究，以期帮助读者加深对阅卷活动规律的理解和把握。

交叉阅卷使得合议庭全体成员有机会共同接触全部证据材料、了解全部案情信息，并以自己的阅卷意见和法律判断参与庭审和裁判结论的作出，能够最大限度地克服个人的知识缺陷和认知偏见，促进裁判共识的形成，保证裁判的客观性、中立性和严谨性。

刑事案件的办理往往离不开口供，但审查判断口供的过程中，承办法官要善于发现口供中的疑点，有时“供认不讳的，也有虚假”。

专题一　承办法官单独阅卷

从实践情况来看，按主体标准来区分，阅卷可分为承办法官单独阅卷和合议庭成员共同阅卷这两种基本形式。承办法官单独阅卷活动中，按阅卷时间脉络来划分，则又可区分为庭前阅卷、庭上阅卷、庭后阅卷三种形式。

一、庭前阅卷

庭前阅卷，是指承办法官在开庭之前，对手头案件的全部案卷进行充分的阅读和审查的办案活动。庭前进行阅卷审查，既是审理案件的必要环节，又是准确把握案情的重要手段，使承办法官在日后的开庭审理或书面调查中能够做到有的放矢，避免无备而审。审判实践中，有些法官由于主客观原因，往往忽视了庭前阅卷审查的重要性，或者因为案情简单不进行阅卷审查，或者进行阅卷审查，但不知道审查哪些内容。现阶段，随着社会经济发展和利益格局的深度调整，大量矛盾纠纷以案件形式涌入法院，很多法院面临案多人少的问题。这导致很多案件到法官手里还未来得及阅卷就进入庭审，尤其是一些老法官，手头积压的案子更多，办案经验丰富，更是很少进行庭前阅卷。事实上，“磨刀不误砍柴工”，无论是办理一审案件，还是二审、再审案件，庭前都应当抽出一部分时间，进行阅卷审查，从而保证日后审判或调解工作的顺利进行。

近年来，随着庭审实质化改革的推进，有的法院曾尝试要求除程序法官以外的其他合议庭成员在庭前不阅卷，以此来避免庭前预断。比如，据报道，某区法院依照司法改革精神，在全国率先试点采用“庭审实质化”审判模式审理了一起毒品案件和一起抢劫案件。法庭上，法官改变了以往主动介入案件的做法，说话更少，将法庭更多地交给控方和辩方；在以往的审判中，案件的主审法官往往会提前详细阅卷，并根据卷宗情况确定庭审重点，而在某贩卖毒品案中，作为审判长的庭长和另一名合议庭成员的法官开庭前均没有提前阅卷，而庭前阅卷和组织庭前会议工作交给了一名合议庭成员。据该庭长介绍，“虽然在日常审判中，也有可能只有一名合议庭成员阅卷，但阅卷的法官往往是主审法官，而且另外两名法官的审判信息主要来源于阅卷法官的介绍，或者庭审后的卷宗材料，而此次审判的最大变化是，主导庭审的审判长和其中一名法官不再阅卷，案件信息全部来自审判现场，这样能最大限度地防止审判法官对案件先入为主。”① 从该采访报道中，这位庭长也只是强调审判长和合议庭成员不再庭前阅卷，并没有否认承办法官在庭前也不阅卷。事实上，实际试点中，大多数承办法官仍倾向于在庭前通过阅卷进行诉讼准备。其原因主要包括：以技术性改革为内容的“庭审实质化改革”决定了审判阶段应当充分了解侦查阶段的工作成果，我国现行规范对书面证言证据能力及证明力持肯定态

① 参见周茂梅：《成都扩大“对抗式”审判试点 法官庭前不阅卷》，载《成都商报》2015年7月10日；《新审判模式下法官做减法：防止先入为主 开庭前未阅卷》，载《成都商报》2015年4月1日。

度，审判长需要借助卷宗所载信息来主持庭审，司法环境、法检关系、法官办案制度也要通过庭前阅卷来保障案件实体真实。庭前阅卷并不当然导致不利于被告人的“预断”产生，应当视为开庭前对案件信息的“预知”而非“预断”。实质化的庭审制度设计才是落实以审判为中心制度改革、防止“预知”与“预断”的同一性、促进案件公正审判、发现案件客观真实的有效路径。[①]

二、庭上阅卷

庭审，是法官依照法定程序和形式，在法庭上对案件进行实体审理的诉讼活动，并以其深厚的法学功底、娴熟的庭审技能、公正的裁判者形象，推动庭审几个要素的有序运行。法官在庭审中必须专注于“听审”，通过有序开展庭审展现文明、公正、为民的司法精神。尤其是，2015 年 2 月，最高人民法院公布《关于全面深化人民法院改革的意见——人民法院第四个五年改革纲要（2014—2018）》，明确要求“建立以审判为中心的诉讼制度”，“诉讼证据认定在法庭、案件事实查明在法庭、诉辩意见发表在法庭、裁判理由形成在法庭”之后，法官在庭审中的“专注”更为重要。可能存在的疑问是，既然法官在庭上必须集中精力“听审”，那怎么可能还存在“庭上阅卷”一说？庭上阅卷怎么阅？应该阅什么？这些确有必要予以回答。

① 石凌云：《庭审实质化改革背景下法官庭前阅卷制度反思》，载《西南石油大学学报（社会科学版）》2016 年第 6 期。

（一）庭上阅卷以必要为条件

一般情况下，法官应当通过庭前阅卷等方式提前熟悉案情，全面了解案件的事实证据情况，在庭审过程中，在审判长主持下，以听为主，只需认真、耐心地听取控辩双方的发问、质辩即可。在庭审中，法官作为“居于其间、踞于其上”的裁判者，关键在于能否善于主持庭审、客观全面核实事实证据，并把握好法庭辩论和最后陈述，让当事人充分发表意见，对庭审中出现的程序问题，如申请回避，能依法及时准确地处理。但有时在庭审进行过程中，针对控辩双方在发问、讯问过程中出现的新情况、新问题，法官也可以在听审过程中，有针对性地翻阅部分案卷材料，用于及时比对、核实被告人的当庭供述是否真实。此外，有的法官尽管事先进行了比较充分的庭前阅卷，但由于时间长、案卷多、内容复杂等因素，看过的卷宗内容未必都能了然于胸，当庭上出现某一情况时，也可以利用空隙时间对某份重点证据予以比对、核实。应当指出的是，庭上阅卷不是常态，而是根据需要，必要时翻阅部分卷宗或某一卷宗中的某一份证据或细节予以核实，这是对庭前阅卷的一种必要补充。

（二）庭上阅卷必须突出重点

法庭审理案件，时间往往比较紧张，必须紧凑、连贯。因此，法官庭上阅卷必须找合适的时机，抓紧时间、有针对性地翻阅部分卷宗材料。比如，在控辩双方长时间的发问、讯问过程中，被告人对某一问题避重就轻，或推翻原先在侦查阶段的供述，此时，承办法官就可以边听边翻案卷，将被告人在侦查阶段的相关供述找出来，与被告人在庭审上的供述内容进行快速比对，分析其供述的前后变化情况，是否存在前后矛盾、难以自圆其说之处，以及翻供理由能否成立，等等。这也为接下来的法庭讯问环节奠定了基础。当控辩双方发问、讯问完毕之后，法官就可以有针对性地就本案的事实证据向被告人进行法庭讯问，让被告人就口供的变化情况作出当庭解释，由于庭前阅卷与庭上阅卷相结合，法官“有备而来”，被告人往往因难以自圆其说而当庭“暴露”、自己揭穿自己的“谎言”。此外，法官在庭上“翻阅案卷”的另一个时机，就是法庭辩论阶段，控辩双方往往会发表长篇的公诉意见、辩护意见，在坚持听审的过程中，法官也可以围绕控辩双方的争议焦点，有针对性地翻阅部分卷宗内容，达到对控辩双方的意见予以当庭核实的目的。

（三）庭上阅卷以不影响听审为前提

根据庭审纪律，法官绝对不可以在庭上做与庭审无关的事，或看其他案件的案卷。本书所说的法官在庭上快速阅卷，并不是做与案件审理无关的事，更不是不听取控辩双方意见、不尊重控辩双方，而是在坚持听审的前提下，有针对性地去重点翻阅少量卷宗。从实践情况来看，有针对性地快速庭上阅卷对于进一步核实重点内容、比对细节、固定证据、加深印象是很有帮助的。

三、庭后阅卷

实践中，除了当庭宣判之外，尤其是一些重大复杂疑难案件，承办法官还要撰写书面的审查报告，向合议庭、审判委员会汇报。在接下去的撰写审查报告环节，还离不开庭后阅卷。那庭审之后的阅卷，与庭前阅卷、庭上阅卷有何区别呢？在实践中究竟如何准确把握庭后阅卷的要求？

（一）庭后阅卷体现全面性

案件在开庭之前，法官已进行了庭前阅卷，有的在庭上进行了阅卷活动。尤其经过公开开庭，在法庭调查中，听取检辩双方的法庭辩论意见和被告人最后陈述之后，承办法官对案件的事实和证据、定罪量刑、上诉辩护理由能否成立等内容已经有了较为全面的把握，在庭审之后再次阅卷是针对庭审中出现的新情况、新问题，围绕控辩双方的争议焦点，进一步全面核实案情证据的需要。庭后阅卷的全面性，一方面体现在庭前、庭上、庭后全环节阅卷，另一方面，体现在对案情把握的最后性和全面性。

（二）庭后阅卷把握精准性

庭后阅卷主要服务于案件审理报告的制作和裁判意见的形成，必须以追求精准、排除合理怀疑为目的。庭后阅卷的精准性，主要体现在以下三方面：

1.精准把握定案的证据情况

在审理报告中，主审法官要撰写认定犯罪事实的依据，对证据的出处和内容需要精准表述，包括证据的名称、证据内容的归纳、证据的页码等，必须准确无误，这就需要在庭后反复阅卷中予以确认。

2.精准把握案件的量刑证据状况

在庭审中，控辩双方围绕案件的定罪量刑充分发表了意见，涉及量刑的自首、立功、主从犯、认罪态度等情节究竟能否认定、如何认定，需要一个精准判断，这时法官结合庭审情况，再次翻阅卷宗认真比对、核实以后才能作出精准判断。

3.精准把握控辩处理意见的采信情况

控辩双方就案件的事实证据、定罪量刑等所发表的处理意见究竟能否成立，法官基于案件事实及证据等情况对本案将形成何种裁决意见，究竟采信哪方意见，这些都需要在庭后反复阅卷、反复比对和权衡，才能形成内心确信和精准判断。

（三）庭后阅卷要有针对性

司法资源总是有限的，尤其在案多人少矛盾突出的沿海省份，法官办案既要讲质量，又要讲效率。案件庭审之后，需要及时撰写审理报告、提出裁判处理意见，在时间紧、任务重的情况下，庭后阅卷一定要有针对性，必须带着任务和问题进行阅卷审核，避免重复劳动和做无用功。庭后阅卷的针对性，可以体现在以下几方面：

1.针对疑点进行庭后阅卷

通过全面审理之后，在庭后是否还有案件的疑点没有解开，带着疑点去重新翻阅有关被告人供述、证人证言、法医学尸体检验意见等证据。

2.针对争点进行庭后阅卷

围绕庭审当中双方争议的焦点再回到案卷中去核实、比对，力争把双方争议的焦点搞准确，在裁判中予以精准回应。

3.针对重点进行庭后阅卷

也就是案件审理中所确定的重点、难点问题，以及在裁判文书中需要予以明确回应的重点、难点问题，再进行反复研究、核对。

专题二　合议庭成员共同阅卷

合议庭是由三名以上审判人员集体审判裁决案件的组织形式，它是人民法院进行审判活动的基本主体，根据三大诉讼法以及法院组织法的规定，法院对第一审的民事案件、刑事案件，除一部分简单的适用简易程序外，其余的全部实行合议制；行政案件，无论繁简，均由合议庭进行审判。但一段时间以来，由于我国现行立法对合议制度规定得过于粗略，在理论上对合议制度缺乏足够的研讨等多种原因，导致审判实践中合议制度本身应有的功能没有得以发挥，导致合议庭审判存在“流于形式”“形合实独”等问题。而合议庭成员事先共同阅卷被视为解决上述问题的一大对策之一。[①]2022 年 10 月，最高人民法院专门印发了《关于规范合议庭运行机制的意见》，对合议庭承办法官、审判长、其他成员的职责作出明确规定。2023 年 7 月，最高人民法院院长张军在全国大法官研讨班上的重要讲话对合议庭依法规范履职、对依法不开庭审理的案件合议庭所有成员在合议前必须阅卷等提出了明确要求，为合议庭成员共同阅卷等指明了方向、提供了重要遵循。合议庭成员共同阅卷主要包括分工阅卷和交叉阅卷两种基本形式。

① 参见陈增宝：《合议制的原理与规则——基于群体决策理论的检视》，载《法律适用》2008 年第 5 期。

一、分工阅卷

所谓分工阅卷，指合议庭成员按一定分工，分头对待审案件的全部卷宗各有所侧重地进行阅读和审查的办案活动形式。特别是在一些大要案审理过程中，在时间紧、任务重、要求高的情况下，合议庭成员分工、合作，有所侧重，共同完成阅卷、开庭审理、审理报告的制作、案件评议、裁判文书的撰写等审理任务，显得尤为重要。合议庭究竟如何分工阅卷？在不同案件的审理中，其具体的分工形式不同。归纳起来，大致有以下几种情形；

（一）按罪名分工阅卷

实践中，有的多罪名案件，被告人只有一个，但罪名较多，在这种情况下，按罪名分工阅卷是比较合适的。比如，某合议庭在负责审理某原领导干部受贿、贪污、滥用职权一案过程中，共有卷宗 200 多卷，该案属于案情重大、复杂、疑难且社会高度关注的职务犯罪案件，案卷又很多，在这种情况下，合议庭审理过程中必须要有分工，且按罪名分工阅卷最好，即由 A 法官负责阅卷审查受贿罪部分的相关犯罪事实及有关证据，B 法官负责阅卷审查贪污部分的犯罪事实及有关证据，审判长 C 法官负责阅卷审查滥用职权罪的犯罪事实及有关证据。实践中，如果审判长比较忙，滥用职权罪的具体事实审查也可交由 B 法官承担，审判长主要负责主持庭审以及案件基本情况的事先掌握。

（二）按犯罪事实分工阅卷

有些大要案，被告人人数不多，甚至为单被告人单罪名案件，但是犯罪事实次数特别多、犯罪金额特别大、案卷特别多，在这种情况下，按犯罪事实分工阅卷审查比较合适。比如，笔者曾参与审理的新中国成立以来发生的全国第一大税案——浙江省金华县巨额虚开增值税专用发票案，该系列案主要涉及虚开增值税专用发票一个罪名，但虚开金额特别巨大，案发背景复杂，涉及面广，按犯罪事实分工比较好。以被告人胡某某等虚开增值税专用发票系列案（以下简称“金华税案”）为例，起诉书认定案件事实如下：

被告人胡某某自1995年6月起，以虚假的验资报告等资料分别在金华县白龙桥镇和罗埠镇以自己或他人的名义申请开办了金华县宏业工贸物资有限公司、金华县广元工贸有限公司、金华县正通物资有限公司、金华县万宝工贸物资有限公司、金华县万利物资有限公司和金华县顺发工贸物资有限公司、金华县飞达贸易公司。然后在金华县白龙桥财税所和罗埠财税所分别取得上述七家公司的一般纳税人资格。从1995年6月至1996年12月，被告人胡某某分别以上述七家公司的名义向白龙桥和罗埠财税所领出增值税专用发票350本（其中13本为空白发票交回核销），在无经营场地、经营人员、无货物购销和现金往来的情况下，自己亲自执笔虚开或交由他人虚开增值税专用发票337本，计6136份，虚开价款额553267413.83元，税额93786610.04元，价税合计647054023.87元，致使全国各地受票单位利用虚开的增值税专用发票向国家财税部门抵扣税款90011857.39元，已追回67315983.22元（含保证金3977163.28元），至今未追回22695874.17元。其中被告人胡某某亲自虚开了831份增值税专用发票，价额84609328.56元，税额14261686.39元，价税合计98871014.95元，受票单位已向税务部门抵扣税款13700445.93元，至今未追回

3754639.62 元。

在审理此案过程中，合议庭成员就按犯罪事实进行分工，每人负责若干本虚开发票所涉相关事实证据及金额的阅卷审查，取得了比较好的效果。

（三）按被告人分工阅卷

上述“金华税案”中，自 1994 年 5 月至 1997 年 4 月，金华县共有 218 户企业参与虚开增值税专用发票，开出发票 65536 份，价税合计 63.1 亿元，涉及 30 个省、自治区、直辖市。抓获涉嫌虚开增值税专用发票的犯罪嫌疑人 80 余名，追缴税款和罚款 12.34 亿元。涉及此案的领导干部有金华市原市委常委、宣传部长叶某某，金华县原县委书记王某某，金华县原县委常委、宣传部长周某某，县财税局原局长王某某，县财税局党组成员、国税局原局长虞某某，副局长吴某某，县检察院税检室原副主任戴某某，县财税局稽查大队原大队长杨某某等。在这些涉及多被告人的系列案审查、审理过程中，按被告人分工阅卷进行比较好。此外，有些案件属于多被告人共同犯罪案件，如电信网络诈骗案，也可以尝试合议庭成员按被告人分工阅卷。

需要说明的是，合议庭成员“分工”并不“分家”。在合议庭成员分工阅卷过程中，必须注意以下几个问题：

1. 必须服从审判长的统筹安排

根据有关规定，合议庭的审判活动由审判长主持，全体成员平等参与案件的审理、评议、裁判，共同对案件审理程序、认定事实、适用法律、裁判结果等负责。审判长负责召集合议庭组成人员共同确定案件审理方案，对合议庭法官参与案件审理的具体工作进行分工，并指导和安排合议庭法官做好庭前调解、庭前准备及与案件审判相关的业务工作，主持对案件的开庭审理活动和合议庭对案件进行评议等工作。在分工阅卷过程中，合议庭成员必须根据审判长确定的分工和审理任务进行审查，各司其职。

2.必须按合议庭分工各司其职

合议庭成员分工阅卷，实际上相当于一个案件有多个承办法官。各合议庭成员都必须以“承办法官”的态度，就自己负责审查的部分事实证据负责，仔细阅卷、分工负责，严把案件事实证据的审查关和法律适用关，切不可大意。

3.必须按审理要求相互配合

合议庭成员虽然分工阅卷，但有着共同的审理目标和任务，确保查明案件事实、准确适用法律，维护刑事司法的公平正义。在分头重点审阅分工部分的案卷基础上，对于被告人供述、评估报告、司法鉴定意见、案件侦破经过等一些综合性证据必须做到共同阅卷，确保阅卷取得整体性效果。

二、交叉阅卷

所谓交叉阅卷，是指合议庭成员共同对非本人承办的案件全部案卷进行交叉审阅，完成证据审查，并以本人的阅卷意见为基础参与案件庭审和评议，最大限度确保案件审查质效的一种办案活动形式。2010年《最高人民法院关于进一步加强合议庭职责的若干规定》第4条规定：“依法不开庭审理的案件，合议庭全体成员均应当阅卷，必要时提交书面阅卷意见。”2015年《最高人民法院关于全面深化人民法院改革的意见》明确提出：“改革完善合议庭工作机制，明确合议庭作为审判组织的职能范围，完善合议庭成员在交叉阅卷、庭审、合议等环节中的共同参与和制约监督机制。”作为完善合议庭工作机制的举措，交叉阅卷制度对于促使合议庭对案件事实共同审理共同负责，防止司法擅断，弥补个人能力不足，落实合议庭办案责任制等方面，具有重要的制度价值和实践意义。[①]

（一）有助于打破承办法官对案情信息的垄断局面，防止司法权的滥用

长期以来，虽然依照我国法律规定，审理案件的基本组织形式是合议制，但由于案多人少等诸方面的原因，在实践中普遍施行的是案件承办人制度，即确定一名法官作为某一案件的承办人，并将审理案件的责、权、利集中于承办人，导致一个案件从庭前准备到开庭审理直至案件评议，裁判结果的拟定及裁判文书的起草，往往都由承办法官包揽。这个不成文的做法，曾经在缓解审判压力、落实审判责任、调动法官积极性等方面发挥了重要作用，但也明显暴露出案件事实信息垄断、缺乏有效监督制约、集体智慧难以发挥等种种弊端，如不及时改进，有可能影响公正与效率目标的实现。比如，实践中，如果有的承办法官通过突出事实重点或隐瞒部分情节、细节，就可能相当程度上影响合议庭成员对全案事实的认知。实践显示，案情越复杂、案卷材料越多、被告人人数越多的案件审理中，承办法官通过庭前阅卷、

① 参见方勇：《合议庭交叉阅卷制度研究》，载《人民司法·应用》2016年第25期。

补充调查取证等方式掌握案情信息的优势就越大，越难以受到合议庭内部成员的监督制约。而交叉阅卷制度则为合议庭全体成员亲自审阅案卷材料，全面深入地了解案情原貌和有关情节、细节，提供了机会，有助于司法公正的有效实现。

（二）有助于弥补承办法官个人知识技能的缺陷，防止案件事实信息遗漏

法律心理学研究证明，无论是案件事实建构中对材料的加工，还是法律规范发现中对法律原则和制度的理解，都是由法官的前见（前理解）参与决定的，而前见的形成与法官个体的知识结构、社会生活经验、成长阅历等个人因素密切相关。司法实践中，法官不同的知识结构和职业技能，主要体现法官具有不同的学历、不同的专业背景，学法律专业出身的法官具有不同的法律素养和法律技能，不同的法官具有不同的法律技能，不同的法官具有不同的生活常识等方面。实践中，任何具体的法律判决都是把一条抽象的法的原则“应用”到一个具体的“事实”上，法官要解决纠纷、处理案件，则须将“书本上的法”转化为“行动中的法”，而要完成这一转化，法官应该更多地了解当地的社会习惯、道德水准和舆论、价值观和习俗等社会规范，了解当地的经济和社会发展情况以及民众的法律意识程度和他们的社会组织、行为方式等特殊的信息，以便在纠纷解决中更好地做到合情合理合法。在日常审判生活中，法官也会如同当事人和律师一样对案件的审理结果作出预测。随着案件审理工作的推进，法官对自己的预测会作出两种处理，一种是因为有证据的支持而肯定，另一种是因为得不到证据的支持而被否定或修正。影响法官最初的预测以及此后的肯定

或否定预测的因素显然与个体法官的知识、对案情信息的了解程度等因素有关。由于每个法官都具有不同知识背景和人生阅历，导致他们对共同的案件材料和法律规范具有不同的理解和解释，对案件有不同的预测，以及极易作出不同的裁判，因而增加了裁判的变动性和不确定性。[①] 而交叉阅卷使得合议庭全体成员有机会共同接触全部证据材料、了解全部案情信息，并以自己的阅卷意见和法律判断参与庭审和裁判结论的作出，能够最大限度克服个人的知识缺陷和认知偏见，促进裁判共识的形成，保证裁判的客观性、中立性和严谨性。

（三）有助于全面准确、落实司法责任制，防止案件决策“一言堂”

司法责任制改革是全面深化司法体制改革必须牢牢牵住的“牛鼻子”。完善司法责任制，是建立权责统一、权责明晰、权力制约的司法权运行机制的关键，也是深化司法体制改革的核心，对于促进严格公正司法具有十分重要的意义。司法责任制主要包括以下几方面：第一个方面是职权配置，即由审理者裁判。审判权由谁行使，法律规定是人民法院依法独立行使审判权，对人民法院怎么行使规定得不是很清楚，所以，它是一个集体职权。司法责任制改革直接要求由审理者裁判，审理者包括谁呢？就是人民法院的审判组织，即独任审判员、合议庭，特殊情况下还包括审判委员会。第二个方面是责任承担。既然把权力给了审理者，最后当然要由裁判者负责。这个裁判者和审理者是一样的，他们都是执掌司法权力的人和审判组织。在这里要坚持权

① 参见陈增宝、李安：《裁判的形成——法官断案的心理机制》，法律出版社2007年版，第40页。

责相一致。第三个方面是一旦发生错案，就要启动追责程序。关于终身追责的要求，是党的十八届四中全会《中共中央关于全面推进依法治国若干重大问题的决定》和中央政法委提出的。最高人民法院发布的《关于完善人民法院司法责任制的若干意见》，也是为了落实中央关于司法责任制的意见而制定的，其中也规定了终身追责的内容。党的十九大报告明确指出，要深化司法体制综合配套改革，全面落实司法责任制，努力让人民群众在每一个司法案件中感受到公平正义。党的二十大报告进一步明确提出："深化司法体制综合配套改革，全面准确落实司法责任制，加快建设公正高效权威的社会主义司法制度。"而交叉阅卷对于全面准确落实"由审理者裁判，由裁判者负责"的司法责任制要求具有十分重要的意义，有助于扭转长期以来承办法官承担案件事实证据审理主责的现状，促使合议庭成员共同参与、共同担责，防止"审判脱节"和"一言堂"等现象的出现。

需要指出的是，合议庭交叉阅卷的提法和制度倡导由来已久，但实践中，尚存在对交叉阅卷适用范围缺乏共识、对承办法官职能定位不明确、审判责任承担方式不统一等问题。有学者就此研究指出，在目前司法资源短缺的背景下，要求所有合议审理案件都经过合议庭成员交叉阅卷的做法既没必要，也不具有可行性，交叉阅卷应正视司法资源短缺的现状，在确保公正的前提下效率最大化；应明确庭审对查明事实的关键作用，将交叉阅卷作为庭审辅助手段；应重视诉权保障，对有争议的证据独立阅卷。具体制度设计上，交叉阅卷的适用范围集中于证据事实存疑以及案情重大的案件；阅卷流程分步展开，通过庭前会议归纳证据并形成争议焦点，合议庭共同草拟庭审提纲，庭后无法即时评议时则独立阅卷。同时，需完善合议庭评议规则，确立连带审判责任承担方式，确保实效。①

依笔者实践体会，交叉阅卷在以下几类案件的审理过程中效果明显、意义重大：

1. 死刑案件

死刑案件，人命关天，必须慎之又慎。办理死刑案件，必须严格执行刑法和刑事诉讼法，切实做到事实清楚，证据确实、充分，程序合法，适用法律正确，确保案件质量。根据《最高人民法院、最高人民检察院、公安部、国家安全部、司法部关于办理死刑案件审查判断证据若干问题的规定》(法发〔2010〕20号）第5条的规定，办理死刑案件，对被告人犯罪事实的认定，必须达到证据确实、充分。证据确实、充分是指：（1）定罪量刑的事实都有证据证明；（2）每一个定案的证据均已经法定程序查证属实；（3）证据与证据之间、证据与案件事实之间不存在矛盾或者矛盾得以合理排除；（4）共同犯罪案件中，被告人的地位、作用均已查清；（5）根据证据认定案件事实的过程符合逻辑和经验规则，由证据得出的结论为唯一结论。办理死刑案件，对于以下事实的证明必须达到证据确实、充分：（1）被指控的犯罪事实的发生；（2）被告人实施了犯罪行为与被告人实施犯罪行为的时间、地点、手段、后果以及其他情节；（3）影响被告人定罪的身份情况；（4）被告人有刑事责任能力；（5）被告人的罪过；（6）是否共同犯罪及被告人在共同犯罪中的地位、作用；（7）对被告人从重处罚的事实。

① 参见方勇：《合议庭交叉阅卷制度研究》，载《人民司法·应用》2016年第25期。

由此可见，死刑案件的证明标准最为严格、对合议庭成员的办理要求最高。实践中，合议庭成员交叉共同阅卷，有助于全体成员全面了解熟悉案情，确保把死刑案件办成铁案。

2. 事实证据存疑尤其是定案证据存在重大缺陷的案件

作为法益与自由两大保护功能的刑法，在两大机能存在冲突的情况下，寻求二者平衡的一项基本的司法原则就是存疑时有利于被告，这一原则最初源自罗马法谚，是现代刑事诉讼无罪推定原则的源泉。我国台湾地区学者林山田指出其基本内涵是指“犯罪事实存在与否在证据上尚有合理怀疑时，则本乎刑法解释谦抑性的作用，应为有利于被告之推定”。之所以贯彻存疑时有利于被告原则，是因为与强大的控方相比，辩方显得十分弱小，为了不至侵害辩方权利，辩方比控方更应受到优待。这从客观上维护了刑事司法的人权保障机能，并由此防止国家司法权力的滥用。但从实践情况来看，通过亲历案件及对相关案例的关注了解，目前司法人员对“存疑时有利于被告原则”的理解与适用也存在失当的情况。实践中，问题在于判断某案的“事实证据”是否的确“存疑”，定案证据是否真的“存在重大缺陷”？由于法官个体的知识经验和办案能力不同，往往结论也各不相同。此时，实行合议庭交叉阅卷，有助于发挥“集体智慧”，增加裁判的共识度，起到“集体会诊”和“共同把关”作用，既有助于确保有罪的人受到追究，又有助于避免冤枉无辜。

3. 控辩双方争议较大、处理意见存在重大分歧的案件

实践中，对检察机关抗诉的刑事案件、被告人及其辩护人提出无罪辩护意见且原判事实不清、证据不足的刑事案件、在当地或全省全

国具有重大影响且定性疑难的案件等重大复杂疑难案件，实行交叉阅卷，也都是非常必要的。总之，与独任审判相比，合议制且交叉阅卷通过多数人共同参与审查和分权制衡，在集思广益、促进才智、克服个人偏见、抑制司法擅断等方面具有明显的优势。

专题三　全面阅卷与重点阅卷

审判实践中，法官拿到卷宗，究竟怎么看？从前往后看还是从后往前看？哪些先看，哪些后看？哪些重点看，哪些粗略看？通常所说的浏览式、划重点、标签法究竟如何运用？如何有针对性地区分运用一般的阅卷方法、重点阅卷法与分项阅卷法？这些方法，本书将会在第四讲“阅卷的技巧与方法”以及第五讲“阅卷笔录的制作”中继续作进一步阐述，本专题侧重从阅卷的种类和形式角度，从全面阅卷与重点阅卷两个维度作一些探究。

一、按顺序逐一阅卷

所谓按顺序逐一阅卷，是指按侦查机关、检察机关、审判机关所装订案卷顺序逐一阅卷的办案活动。这里包括三层意思：

（一）逐卷阅读和审查

实践中，有的案件案卷特别多，比如前述笔者参与审理的丽水“银泰集团”非法集资案，案卷累计达1000余宗，叠起来有几米高，面对这么多案卷的案子，一个比较有效的阅卷方法就是全面阅卷法和重点阅卷法相结合，既按序阅卷，又重点比对。按序逐卷阅卷的优势在于可以快速通读案卷，做到大致心中有数。在通读过程中，可以基本上掌握每卷的主要内容，比如，被告人供述在侦查卷第几卷，审计

续表

报告、司法鉴定意见在侦查卷第几卷，为下一步按图索骥、重点核实某份证据打下扎实的基础。

（二）逐份阅读和审查

在逐卷阅卷审查过程中，实际上也包含了承办法官对每卷中的每一份证据进行逐一的审查和阅读。与后续重点审核不同的是，在案卷比较多的案子办理过程中，有时需要几轮反复阅卷审查，在第一轮按序阅卷过程中，可以采取先粗后细法，对案卷比较多、案情复杂的疑难案件，可以先粗略地浏览一遍，初步了解公诉机关指控的罪名、被告人人数、证据概况、案卷材料的总数和分类，并确定案卷中的重点材料、非重点材料和无用材料。

（三）逐罪阅读和审查

针对多罪名案件，侦查机关一般按罪名装订案卷，将某一罪名相关的证据材料集中装订在一起，因此，在后续的阅卷审查过程中，法官完全可以按罪名顺序或主次罪对案卷材料进行阅读审查，尽快了解、熟悉案情。

在按顺序逐一阅卷活动中，承办法官应当掌握侦查机关、审判机关对案卷的一般装订规律和顺序。这里，将刑事案件侦查卷宗的一般装订顺序予以列举，供读者参考：

附一：刑事案件诉讼文书卷（侦查卷一）目录

序号	名称
1	卷宗封面

续表

序号	名称
2	卷内文书目录
3	犯罪嫌疑人照片（包括单位犯罪中直接负责主管人员和直接责任人）
4	移送案件通知书（或指定管辖决定书）
5	受案登记表
6	立案决定书
7	拘留证（拘传证）、拘留通知书、变更羁押期限通知书（副本）
8	提请批准逮捕书、批准逮捕决定书、逮捕证、逮捕决定书
9	提请批准延长侦查羁押期限意见书、变更羁押期限通知书
10	变更强制措施通知书、释放通知书
11	取保候审决定书、取保候审保证书或收取保证金通知书等
12	被羁押的犯罪嫌疑人及其法定代理人、近亲属、被逮捕的犯罪嫌疑人的律师申请取保候审的书面材料、不予取保候审通知书（副本）
13	检验、鉴定、认定意见及相关文书（包括解剖尸体通知书、法医学尸体检验报告、道路交通事故认定书、火灾原因认定书、火灾事故责任书）
14	起诉意见书及涉案财物性质的说明
15	户籍及前科证明

附二：刑事案件诉讼证据卷（侦查卷二）目录

序号	名称
1	卷宗封面
2	卷内文件目录

续表

序号	名称
3	案发经过说明、犯罪嫌疑人到案经过或归案情况说明
4	证明案件来源的有关证据材料
5	犯罪嫌疑人供述或辩解材料，包括询问笔录，继续盘问通知书，当场盘问、检查及继续盘问笔录，暂扣物品清单，传唤通知书，提讯证，未成年犯罪嫌疑人法定代理人到场通知书，讯问笔录，亲笔供词，自书材料，辨认笔录，犯罪嫌疑人权利义务告知书（对同一犯罪嫌疑人一般归类后按时间顺序排列）
6	被害人报案陈述、亲笔陈词、辨认笔录等材料
7	证人证言材料，包括询问通知书、未成年人法定代理人到场通知书
8	调取证据通知书、调取证据清单
9	搜查证、搜查笔录，扣押、发还和销毁物品、文件清单，扣押或解除扣押通知书（副本）
10	查询存款、汇款通知书（回执），冻结、解除冻结存款、汇款通知书
11	现场勘查笔录、现场勘查图、照片
12	检查、勘验、侦查实验笔录
13	物证、书证及其照片
14	同案犯罪嫌疑人另案处理的相关材料或文书
15	其他需要移送起诉的材料

二、按内容重点阅卷

所谓按内容重点阅卷，是指根据审理需要，按审理确定的重点内

容展开有针对性的阅卷审查活动。显然，这里的内容重点，是由承办法官根据审理任务和审理情况确定的。一般而言，一个刑事案件的办理，应当重点围绕以下几方面的问题展开阅卷审查并加以解决：

（一）围绕定案根据确定重点

前述已提及，刑事案件首先要解决案件的定案依据是否充分的问题，也即有关犯罪行为是否系被告人所为、被告人有无实施检察机关指控所认定的犯罪事实，这是案件处理的前提和基础，也是我们阅卷审查的重中之重。

（二）围绕犯罪构成要件所涵摄的事实要素确定重点

以集资诈骗罪为例，集资诈骗罪是指以非法占有为目的，违反有关金融法律、法规的规定，使用诈骗方法进行非法集资，扰乱国家正常金融秩序，侵犯公私财产所有权，且数额较大的行为。从这一概念可以看出本罪是目的犯、法定犯、数额犯、结果犯。通常情况下，这种目的具体表现为将非法募集的资金的所有权转归自己所有，或任意挥霍，或占有资金后携款潜逃等。因此，在此类案件办理过程中，行为人主观上是否具有非法占有目的、客观上有无实施集资诈骗犯罪行为，是审查的重点，我们必须从相关证人、被告人供述以及相关财务账册等方面展开多角度的审查分析，用于说明行为人是否构成集资诈骗罪。

（三）围绕争议焦点确定重点

通过看起诉书、一审庭审笔录、一审判决书、辩护词、上诉状、申诉状等途径，在了解控辩双方争议焦点的基础上，带着争议焦点到案卷中找相关的事实证据进行反复阅卷、审查，然后作出分析判断，形成处理意见。

附：被告人葛某生、张某玲集资诈骗案

该案原判认定：被告人葛某生、张某玲夫妇案发前在浙江省永嘉县开办温州市申诚机电设备有限公司、温州市顺泰机电设备有限公司，2001年开始亏损，至2008年已欠下巨额债务，靠高息借款维持运转。2010年1月至2011年7月，葛某生、张某玲在严重负债、明知自己缺乏偿还能力的情况下，以经营机电设备、投资房地产、购买别墅等为名，以高额利息为诱饵，拆东墙补西墙，骗取他人提供款项，先后向蔡某远、柳某岳、褚某永、林某、葛某祥、吕某华、冯某、王某敏、徐某丽、郭某刚、蒋某仁、陈某勇、朱某华、周某锋、夏某央、胡某孟、叶某伟等社会公众非法集资共计5100余万元人民币，用于归还债务、支付高息等，致使本金共计2370余万元人民币至今无法归还。原判还认定，2008年4月30日，被告人葛某生向中国农业银行永嘉支行办理贷记卡，后多次消费、取现，未能足额偿还，至2012年8月23日共恶意透支人民币44311.61元，利息1293.81元，其间，经银行两次催讨后超过3个月仍未归还本息。葛某生上诉提出，其主观上没有非法占有他人集资款的目的，客观上没有实施诈骗犯罪行为，其行为不构成集资诈骗罪，原判定性有误，本案应以非法吸收公众存款罪定性处罚，并称被害人对集资款项的用途事前知情，系自愿提供借款；本案大部分集资款均用于投资经营和支付利息，没有进行个人挥霍；案发后出走是因为受到债权人逼债，怕影响人身安全而躲避，并非“跑路”；其没有恶意透支信用卡，亦无接到银行的催收通知，其曾打电话要求银行经办人帮忙归还信用卡欠款，该经办人已予以答应，其行为亦不构成信用卡诈骗罪，要求二审依法改判。张某玲在庭审中

亦提出，本案应以非法吸收公众存款罪定性处罚，原判认定其行为构成集资诈骗罪定性有误，量刑过重，要求从轻处罚。

出庭的浙江省人民检察院检察员认为，原判认定犯罪事实清楚，证据确实、充分；被告人葛某生、张某玲在公司资产明显资不抵债、明知自身不具备偿还能力的情况下，采取欺骗手段，虚构投资回报等事实，以高息为诱饵，骗取社会公众提供集资借款，系拆东墙补西墙，最终造成他人经济损失数额特别巨大，其行为构成集资诈骗罪；葛某生恶意透支信用卡，超过规定期限并经发卡银行催收后仍不归还，其行为还构成信用卡诈骗罪，原判定性准确，量刑适当，葛某生上诉称本案应以非法吸收公众存款罪定性处罚等理由均不能成立，建议驳回葛某生的上诉，维持原判。

二审期间，承办法官围绕犯罪构成要件和争议焦点展开了重点审查，并在裁判文书中予以回应，取得了比较好的效果。经浙江高院二审审理查明，原判认定被告人葛某生、张某玲集资诈骗、信用卡诈骗的事实，有蔡某远、柳某岳、褚某永、林捷、葛某祥、吕某华、冯某、王某敏、徐某丽、郭某刚、蒋某仁、陈某勇、朱某华、周某锋、夏某央、胡某孟、叶某伟等17名被害人及被害单位工作人员郑某强的陈述，有关借款借条、抵押协议、银行转账明细，扣押的公司账本，公司工商登记资料，信用卡透支信函催收清单，户名为葛某生的农业银行信用卡办卡信息和账户消费明细等大量书证，有关民事判决书、调解书，公司财务人员许某洁及李某军、葛某芒等的证言，涉案人员陈某忠、徐某方、余某良、周某胜的供述等证据证实。葛某生、张某玲亦均供述在案，所供能相互印证，且与上列证据反映的情况相符。

关于上诉理由，经查：在案的财务账册、大量借条等书证以及被告人供述等证据显示，被告人葛某生、张某玲夫妇开办机电设备公司从2001年开始亏损，至2008年已欠下巨额债务，后因靠高息借款维持企业运转、投资不当等原因造成资金严重缺口。在卷的民事判决书等书证证实，葛某生除本案作为犯罪事实加以认定的集资款项未归还外，还欠有关银行、个人等借款数千万元未能归还。葛某生、张某玲在明知自己缺乏偿还能力、相关款项必然无法偿还的情况下，仍采取虚构事实、虚假承诺还款日期、隐瞒亏损真相等手段，以高额利息为诱饵，先后骗取蔡某远等十余名社会不特定人员提供款项累计高达五千余万元人民币，用于归还前债、支付高息等，系拆东墙补西墙，最终造成集资款共计2300余万元人民币至今无法偿还，事后又存在“跑路”等逃匿行为，足以表明其主观上具有以非法占有为目的的诈骗犯罪故意，客观上实施了集资诈骗犯罪行为，符合刑法规定的集资诈骗罪构成特征，原判定性并无不当。故葛某生上诉及张某玲在庭审中称原判定性有误、其主观上没有诈骗故意、客观上没有实施诈骗行为、本案应定性为非法吸收公众存款罪等理由与事实及法律不符，不予采信。

在卷的信用卡透支函催收清单、银行账户交易明细以及银行工作人员的证言等证据证实，被告人葛某生从中国农业银行永嘉支行申请办理信用卡后，多次取现、消费，透支数额较大，超过规定期限并经发卡银行催收后仍不归还，符合刑法规定的恶意透支构成特征，其行为构成信用卡诈骗罪。故葛某生上诉称原判该节定性有误的理由亦与事实及法律不符，不予采信。原判认定事实清楚，证据确实、充分。

三、按任务补充阅卷

所谓按任务补充阅卷，是指阅卷审理任务基本完成后，发现部分情节或事实尚不够清楚，有必要带着任务进一步核实审查的一种办案活动。

附：被告人孙某某抢劫案

在办理被告人孙某某抢劫并致被害人死亡一案过程中，该案通过视频监控侦破，案发正常，公安机关从现场香烟盒表面和死者虞某某右手背侧提取经DNA鉴定确认系被告人孙某某作案所留的血迹，有证明被告人孙某某行凶过程中右手指等多处受伤的人身检查笔录在卷，被告人孙某某在公安侦查、检察审查起诉、法院审判阶段对抢劫并行凶致人死亡的犯罪事实一直供认在案，所供抢劫预谋、实施经过、行凶地点、捅刺部位、行凶过程中自己受伤、从被害人裤袋里搜得香烟一包被其扔到附近草丛中以及劫得财物数额、去向等内容与视频监控、现场勘查笔录、法医DNA鉴定、尸检报告等证据能相互印证，能够直接锁定被告人孙某某行凶作案的主要事实。但是，在庭审中，孙某某还对尸体检验报告提出异议，称被害人本身可能有疾病，要求对死因进行核查。对此，合议庭对被害人死因问题进行了核实。经查，在卷的法医学尸体检验鉴定书、鉴定意见通知书等证据，证实死者虞某某系左胸部遭锐器刺戳致心脏破裂而死亡，与被告人交代的行凶部位、凶器特征等内容吻合，且公安机关在侦查阶段已将该鉴定意见依法告知孙某某，该鉴定意见合法有效。故孙某某对死亡原因提出异议经查不能成立，不予采信。

四、按疑点反复阅卷

所谓按疑点反复阅卷，是指按照案件审理中发现的疑点，有针对性地进行反复阅卷审查、比对分析的一种办案活动。根据第二讲的有关论述，案件的疑点可能涉及以下几个方面：

（一）被告人身份方面的疑点

司法实践中，在流动人口较多、治安形势相对严峻的沿海地区，被告人冒用他人姓名，盗用他人身份证或者以自报名方式隐瞒真实身份的现象时有发生，一旦“张冠李戴”，既容易对当事人名誉造成损害，也极易使司法机关处于十分尴尬的境地。因此，一旦发现被告人身份存在疑点或谎报迹象，就应当非常重视对有关疑点进行反复阅卷、排查，确保所认定作案主体身份的真实性。

（二）案件侦破方面的疑点

破案的过程和方法是否正常，侦查机关将被告人列为犯罪嫌疑人的依据是否合理、充分等问题直接与定案有关。如何侦破不正常，往往可能与刑讯逼供、指供、诱供相关联。因此，针对案件侦破方面的疑点进行核查，是实践中经常遇到的办案活动内容。

（三）定罪量刑方面的证据疑点

刑事案件能否定案，被告人有无作案动机？有无作案时间？有无第三人作案的可能？有无遗漏同案犯？在认定被告人作案的情况下，定此罪还是彼罪？有无其他处理的可能性？自首、立功等量刑情节证据是否真实可靠？这些问题中有无合理怀疑的疑点，是阅卷审查的重点。

需要说明的是，刑事案件的办理往往离不开口供，但审查判断口供的过程中，承办法官要善于发现口供中的疑点，有时“供认不讳的，也有虚假”。笔者就曾遇到过这样一起案件，犯有抢劫命案的被告人罗某某对盗窃作案的犯罪事实供认不讳，但从审查分析来看，该被告人的口供可信度较低，虚假供述的可能性极大，故二审判决中对该盗窃罪以证据不足予以撤销。

附：被告人罗某某等抢劫、盗窃案

［基本案情］

浙江省杭州市中级人民法院审理杭州市人民检察院指控被告人罗某某、杨某某、汪某某分别犯抢劫罪、盗窃罪、转移赃物罪、帮助毁灭证据罪，及附带民事诉讼原告人李正某、骆某某提起附带民事诉讼一案，于2005年8月24日作出（2005）杭刑初字第148号刑事附带民事判决。

该案原判认定，被告人罗某某、杨某某案发前在浙江省杭州市非法同居，后因经济拮据而预谋抢劫。2004年11月下旬，罗某某、杨某某与来杭州寻找工作的被告人汪某某以及其子汪某一起吃饭时，罗某某向两汪谎称朋友有车将转给其，让汪某某以后做其驾驶员，两汪表示同意。

同年12月2日下午，被告人罗某某、杨某某窜至杭州市上塘路欧尚超市物色作案目标。至17时许，罗某某、杨某某见女青年李某某独自驾驶广州本田飞度牌汽车来超市购物，并将车停泊在南侧露天停车场，遂确定对李某某实施抢劫。当李某某购物后上车准备离去时，罗某某、杨某某分别从驾驶室右侧和后排右侧车门闯入汽车，罗某某持刀威逼李某某交出钱财，劫得手机1部、银行卡等财物。而后，杨某某受罗某某指使，下车通过电话与汪某取得联系，让汪通知其父亲汪某某来欧尚超市开车，并约定了接头地点。其间，罗某某则在车内持刀多次切割李某某颈部，并用李的衣服蒙住其头部，致被害人李某某窒息死亡后，将尸体藏匿在车中。不久，杨某某将被告人汪某某带至停车场，上车后，汪某某受罗某某指使，负责驾驶价值人民币96800元的汽车连夜往上海市和江苏省苏州市方向逃跑。途中，罗某某以做化妆品生意为由，让其兄罗家某在上海为其准备了编织袋、绳子、螺丝刀等作案工具，并与汪某某一起卸过汽车牌照。当车行至苏州市工业园区跨塘镇时，罗某某、杨某某将用编织袋包裹并放上砖块的尸体抛至河中，将沾有血迹的座垫、座套等物焚烧。至苏州后，罗某某让其兄罗某为汪某某安排住宿，自己则伙同杨某某赶回杭州市，先后持被害人李某某银行卡在有关银行自动取款机上提取现金共计人民币7900元。被告人汪某某则依罗某某的指使留在苏州市，清洗车内血迹，并曾返回杭州购买车座套以及取罗某某提供的伪造的汽车牌照，又至苏州更换座套、牌照，最后将汽车藏匿于苏州市花苑饭店停车场。

原判还认定，2003年3月29日晚，被告人罗某某采用割天花板顶棚的方法潜入上海市军工路某市场48号摊位二楼包某某、俞某某夫妇的房间，从保险箱、抽屉等处窃得现金人民币15万余元。

2005年1月26日，被告人汪某某向当地公安机关自首。

[审判情况]

杭州市中级人民法院一审根据以上事实和相关法律的规定，作出如下判决：（1）以抢劫罪，判处被告人罗某某死刑，剥夺政治权利终身，并处没收其个人全部财产；以盗窃罪，判处其有期徒刑十五年，剥夺政治权利三年，并处罚金计人民币5万元；决定执行死刑，剥夺政治权利终身，并处没收其个人全部财产。（2）以抢劫罪，判处被告人杨某某死刑，缓期二年执行，剥夺政治权利终身，并处没收其个人全部财产。（3）以转移赃物罪，判处被告人汪某某有期徒刑二年，并处罚金计人民币1万元；以帮助毁灭证据罪，判处其有期徒刑一年六个月；决定执行有期徒刑三年，并处罚金计人民币1万元。（4）判令被告人罗某某、杨某某赔偿附带民事诉讼原告人李某某、骆某某经济损失计人民币23万元，由罗某某承担15万元，杨某某承担8万元，两被告人互负连带责任。（5）驳回附带民事诉讼原告人对被告人汪某某的附带民事赔偿诉讼请求。

罗某某上诉提出，原判认定事实不清，量刑过重；并称其没有杀人的故意，系被害人乘机逃脱时跌倒撞击在其右手中的水果刀上致死；原判认定汪某某的罪责与事实不符，汪与其事先有抢劫预谋，系共同犯罪，并且汪起牵线、策划的组织作用，其罪责比杨某某要重；还称其归案后主动坦白重大盗窃案件，有重大立功表现，认罪态度好，而原判未对其减轻处罚不当。其二审辩护人则提出，罗某某没有杀人故意，系过失造成被害人死亡；盗窃罪系自首，且有检举揭发他人犯罪的立功表现，要求从轻处罚。杨某某上诉提出，其未参与抢劫预谋、抛尸，事先不知道罗某某要实施抢劫，原判量刑过重，要求从轻处罚。

案经浙江省高级人民法院审理查明，原判认定被告人罗某某、杨某某、汪某某抢劫、转移赃物、帮助毁灭证据的事实，有相关证人证言、公安机关现场勘查记录、法医学尸体和DNA检验报告、提取的赃车、手印鉴定及有关辨认笔录、户名为李某某的银行卡交易查询单、赃车价格鉴定等证据证实。各被告人均供认在案，所供能相互印证，且与上列证据反映的情况相符。原判认定抢劫、转移赃物、帮助毁灭证据的事实清楚，证据确实、充分。但罗某某供其伙同他人在上海市实施盗窃，由同伙实施，自己在外望风，仅其一人就分得赃款人民币20万元，所供与失主包某某、俞某某报案陈述共被盗15万元等情况明显不符，故原判认定罗某某盗窃的证据不足，本院不予确认。即使该事实成立而可认定罗某某系自首，亦不能成为对其抢劫从轻处罚的理由。罗某某及其二审辩护人分别称罗坦白重大盗窃案件构成重大立功或自首，应对罗从轻、减轻处罚等理由均不成立，不予采信。

关于其他上诉、辩护理由。经查:（1）罗某某选择在超市停车场作案，并持刀多次切割被害人颈部以及长时间用衣服蒙被害人的头，将被害人杀死后劫财的事实清楚。罗某某及其辩护人称系被害人自己撞到刀上、属过失致人死亡显系狡辩，不予采信;（2）罗某某在侦查阶段对汪某某事先没有参与抢劫预谋，刚上车时也对其抢劫不知情等事实多次供认在案，所供与杨某某、汪某某的供述相符。原判认定汪某某构成转移赃物、帮助毁灭证据并无不当。罗某某上诉称自己事先和汪某某预谋抢劫、汪某某构成抢劫罪的共犯、罪行比杨某某要重等均与事实不符，不予采信;（3）杨某某在侦查阶段对自己事先参与抢劫预谋、踩点、在抢劫过程中负责联系驾驶员、抬过尸体、用劫得的卡取钱等事实多次供认在案，所供与罗某某的交代能相互印证，故其上诉就原判认定事实提出的异议不能成立，不予采信。此外，二审审理期间，罗某某又提出检举揭发，但经查不实，亦不构成立功。

浙江省高级人民法院审理认为，被告人罗某某、杨某某以非法占有为目的，采用暴力手段，杀人劫财，其行为均已构成抢劫罪，犯罪情节特别严重，社会危害极大，罗某某又系累犯，依法应予严惩。被告人汪某某明知是他人犯罪所得的赃物而予以转移，且帮助犯罪人毁灭证据，情节严重，其行为已分别构成转移赃物罪和帮助毁灭证据罪，应数罪并罚，鉴于其系自首，可从轻处罚。罗某某、杨某某及罗的二审辩护人分别提出原判量刑过重，要求从轻处罚的理由不足，不予采纳。原判对抢劫罪、转移赃物罪、帮助毁灭证据罪的定罪正确，量刑适当，审判程序合法。唯盗窃罪定罪证据不足，应当撤销。遂判决驳回罗某某、杨某某的上诉；撤销原审判决中对被告人罗某某盗窃罪的定罪量刑以及决定刑部分，维持判决的其他部分。

［分析意见］

本案在审理过程中，争议的焦点在于盗窃罪能否认定以及罗某某是否属于主动坦白重大盗窃案件，有重大立功表现，认罪态度好，而原判未对其减轻处罚是否适当等问题。关于盗窃罪部分，检察机关指控：2003 年 3 月 29 日晚，被告人罗某某伙同在逃的“宋某”采用割天花板顶棚的方法进入上海市军工路某市场 48 号摊位二楼包某某、俞某某夫妇的房间，从保险箱、抽屉等处窃得现金人民币 15 万余元。认定依据有：（1）失主包某某、俞某某（个体户）的次日报案陈述，证实失窃的时间、地点、财物数额等事实；（2）公安机关现场勘查笔录，证实现场的地理位置、房间天花板有切割痕迹等情况。经被告人罗某某当庭辨认，确认系作案现场；（3）被告人罗某某多次供述。在二审审查中发现，该笔盗窃系罗某某主动交代，但该节事实存在以下几个疑点：（1）罗某某交代与宋某两人作案，由宋某直接实施，自己望风，事后宋分给其20万元，但失主报失只有15万元，数额上有疑问；（2）原判认为除罗某某的口供，没有证据证明宋某参与作案，故只认定罗某某一人作案，对指控予以纠正；（3）在法院二审审理期间，被告人罗某某上诉的主要理由是自己归案后主动坦白重大盗窃案件，有重大立功表现，认罪态度好，而原判未对其减轻处罚不当，量刑过重。当承办人向其释明，讲解了根据刑法规定，主动交代盗窃不属于“重大立功表现”且只能就其所犯盗窃罪从轻处罚等内容之后，显示被告人对法律存在“重大误解”。综合全案情况来看，被告人存在试图通过“主动交代盗窃”换取“抢劫罪从轻处罚”的可能性，认定盗窃罪的证据明显不足。因此，二审根据上述疑点，进行反复审查后作出不予确认的处理是正确的。

专题四　程序性审查与实质性审查

根据阅卷审查指向的内容来区分，阅卷审查包括程序性问题的审查与实体性问题的审查两类。实践中，程序性审查与实质性审查往往相互依存、相互交织，但在理论研究方面，分开予以探讨有利于总结程序性审查与实体性审查不同的审查理念和方法。

一、程序性问题的审查

程序性问题的审查，主要通过审查在案的诉讼文书、技术性材料等内容，对案件的管辖权、来源、时间等进行形式方面的审查，具体包括以下几个方面：

（一）审查案件的来源状况

包括审查案发经过是否清楚？被告人的归案状况？办案单位是否有管辖权？是否超过诉讼时效？从实践情况来看，证明案件来源情况，一般应有以下证据材料：（1）《受案登记表》；（2）《接处警登记表》；（3）报案人、检举人、控告人、扭送人、投案人等相关人员的询问笔录；（4）其他机关移送案件线索的材料；（5）证明案件来源的其他材料；（6）《立案决定书》等。

这些证据材料应包括以下内容：（1）报案人、检举人、控告人、扭送人的姓名、联系方式、报案时间；（2）报案人、检举人、控告人、扭送人与被告人、被害人的相互关系；（3）报案人、检举人、控告人、扭送人发现案件的过程及所知的被告人、被害人信息、作案过程、案发现场情况；（4）接处警方式；（5）决定立案所依据的事实、法律及审批情况。

因被告人投案自首而案发的，除上述一般证据材料外，还应有以下证据材料：（1）电话录音、短信、微信、电子邮件、书信等反映被告人投案自首的材料；（2）电话记录、来电处理情况等反映公安机关或有关组织接受投案的材料；（3）被委托投案人或陪同投案人的证言；（4）公安机关对投案人员制作的首份讯问笔录；（5）侦查机关出具的归案经过；等等。

（二）审查被告人的自然状况

包括身份是否清楚，有无曾用名？身体健康状况如何，是否有受审能力，目前是否在押？实践中，证明被告人年龄、性别、出生地、居住地等自然情况的证据，主要包括：户籍证明，居民身份证，工作证，人事档案登记材料或入学、招工、招干登记表等，以及被告人供述、证人证言。如果发现犯罪被告人的人事档案登记材料或户籍证明中的年龄有涂改痕迹，应结合犯罪被告人的出生情况、工作学习情况以确认其真实年龄，并由公安机关重新出具户籍证明。一般情况下，只要被告人达到刑事责任年龄，就认为其具有刑事责任能力。但如果发现被告人精神异常，或被告人一方提供证据或明确线索，主张被告人不具有刑事责任能力，为查明该事实，还要进一步审查包括周围居民、老师、同学、同事对被告人行为能力的感知和评价。结合被告人实施犯罪行为的主观动机、前后行为是否符合逻辑等方面，综合评判是否有必要对被告人进行精神病鉴定。

（三）审查案件的时间及强制措施采取状况

刑事诉讼法对每个环节的办案期限都有明确的规定，要通过审查报案时间、立案时间、拘留时间、逮捕时间、取保时间、延期审批时间、侦查终结时间、移送审查起诉时间等内容，对时间问题“心中有数”，必要时对案件的重要节点按时间顺序制作成图表，并通过时间上的对应分析，审查办案机关是否存在非法羁押或超期羁押等情况。

（四）审查案件证据的收集状况

包括笔录的审讯时间、地点，侦查人员姓名单位状况；是否存在笔录“拷贝”现象？笔录的修改变造问题？笔录形式要件是否合法？书证是否为原件，书证的副本、复制件与原件是否相符，书证是否经过辨认、鉴定，书证的副本、复制件是否由二人以上制作，有无制作人关于制作过程及原件存在于何处的文字说明及签名？书证的收集程序、方式是否符合法律及有关规定，经勘验、检查、搜查提取、扣押的书证，是否附有相关笔录或者清单，笔录或者清单是否有侦查人员、物品持有人、见证人的签名，没有物品持有人签名的，是否注明原因？物证是否为原物，物证的照片、录像或者复制品与原物是否相符；物证是否经过辨认、鉴定；物证的照片、录像或者复制品是否由二人以上制作，有无制作人关于制作过程及原物存在于何处的文字说明及签名？物证的收集程序、方式是否符合法律及有关规定？等等。

二、实体性问题的审查

所谓实体性问题的审查，是指对于犯罪事实证据的实质性审查，其核心是审查证据的真实性、关联性和合法性问题，这是我们审阅卷宗的重中之重。从学理上分，证据的审查主要有以下两种形式呈现：

（一）主观性证据的实质性审查

主观性证据主要指言词证据，包括犯罪嫌疑人、被告人的供述和辩解、证人证言、被害人陈述等内容，由讯问笔录、询问被害人笔录、证人笔录等构成。对笔录类证据的审查除了前述所提笔录的审讯时间、地点、侦查人员姓名单位等形式审查之外，关键在于审查笔录反映的内容与在案其他证据反映的情况是否相符或相印证，全面审查判断言词证据的客观性、合法性和关联性。

（二）客观性证据的程序性审查

客观性证据，包括物证、书证、视听资料等。客观性证据的程序性审查关键在于把握客观性证据的提取、来源、保管、流转、鉴定等程序是否合法、有无造成客观性证据人为失真的可能。2011 年我国刑事司法实务界以浙江省检察院为代表开始在死刑案件中探索客观性证据审查模式，并于 2012 年 9 月 11 日印发了《死刑案件客观性证据审查工作指引（试行）》（浙检诉二〔2012〕4 号）。2012 年 10 月，最高人民检察院在浙江召开专门会议进行全国推广，认为客观性证据审查模式作为一种工作方法和工作理念，既体现了刑事诉讼制度的发展方向，顺应证据制度发展的潮流，又是实现精细化办案的有效途径。在总结经验的基础上，2013 年 4 月，浙江省检察机关将客观性证据审查模式推广到所有刑事公诉案件。该证据审查模式对于法官审案亦具有重要参考意义。在运用客观性证据审查模式时，应当注意把握以下几点：

1. 注意把握客观性证据审查的精神要义

所谓客观性证据，是指物证、书证等证明内容客观性较强，不易受人的主观认识影响，具有较为稳定的表现形式和判断标准的证据材料或事实。包括但不限于：（1）通过证据本身所呈现的形态、特征等物理特点与案件建立关联的物证；（2）通过法庭科学技术进行解释的技术类客观性证据，如DNA生物检验、指纹鉴定、痕迹鉴定、微量物质鉴定、毒物检验、尸体（人身）检验报告等鉴定意见；（3）通过信息记载的内容与案件建立关联的记录类证据，如书证、视听资料、电子数据等；（4）通过客观记载侦查活动过程并反映案件某一方面事实情节的记叙类证据，如勘验、检查、辨认、侦查实验等笔录；（5）根据生活常识和经验法则可以推定某一事实存在的基础事实。所谓客观性证据审查是指在办理刑事案件过程中，将审查工作重心从以被告人口供等言词证据为中心转变到以客观性证据为核心上来，审查侦查、起诉机关（部门）移送的案件材料时，应充分梳理和挖掘客观性证据，凭借客观性证据具有可靠的稳定性和关联性的最佳证据特征，确认案件基础事实脉络，并以此为基础对全案证据予以审查和检验，进而认定犯罪事实的审查工作方式。

2. 注意把握客观性证据审查的基本原则

总体上，客观性证据的审查和运用必须严格执行刑事诉讼法等有关规定，围绕证据的合法性、客观性、关联性进行全面审查判断，查证属实的才可以作为定案的证据。从实践情况来看，客观性证据审查模式，主要坚持以下原则：一是客观性证据优先运用原则。客观性证据作为认定案件相关事实的关键性证据使用，对查证属实的物证、书证等客观性证据应作为最佳证据在定案中优先采用。二是客观性证据充分挖掘原则。在办理过程中，全面审查侦查活动中收集的证据，挖掘和运用客观性证据，发现派生证据、再生证据，形成证据组合运用体系。三是客观性证据科学解释原则。准确把握客观性证据可能蕴含的案件信息，防止对客观性证据解释过度或解释不足。四是客观性证据全面验证原则。犯罪嫌疑人、被告人的供述、被害人陈述、证人证言等言词证据应当经得起客观性证据的检验，客观性证据之间能够得到印证。①

3. 注意把握客观性证据程序性审查的实践要求

客观性证据包括物证、书证等不同形式，要注意分类审查。其中，物证以其外部特征、物质属性、存在方式以及状态来证明案件情况，可以为查明案件事实提供线索和依据，是认定案件事实的可靠依据，也是验证案件中其他证据的有效手段，应当作为最佳证据优先予以运用。

审查中要特别注意挖掘并运用以下物证：作案工具，包括为进行犯罪而准备的其他工具，为毁尸灭迹、掩盖罪行而准备的工具等；赃款赃物，包括来源和去向；被告人实施犯罪时所穿戴的衣着及其黏附痕迹等；被害人尸体状况、损伤特征、黏附的生物物证等；被害人、

① 参见浙江省人民检察院于2012年9月11日印发的《死刑案件客观性证据审查工作指引（试行）》（浙检诉二〔2012〕4号）。

犯罪嫌疑人个人物品及其状况等；现场遗留的皮屑、毛发等微量物证；血液、体液、手（脚）印等痕迹物证。物证审查中应重点查明：物证的来源，物证存在于现场的方位，与周围环境物品的关系，物证原始特征等状态，并合理解释物证证明内容，充分挖掘物证在证明案件相关事实中的作用。

书证以其反映、记载的信息内容证明案件事实。书证可以直接证明案件的性质、作案动机和目的，可以鉴别其他证据的真伪，揭穿虚假的言词证据，在定案中起着十分重要的作用。审查中要特别注意挖掘并运用以下书证证实案件相关情节：日记、记事本、通信信息等所记载的信息与案件的关联；购买、租借作案工具的凭证；住宿记录，车船票，驾驶或乘坐营运交通工具的路、桥收费票据，加油票据等书面凭证；与犯罪相关的资金往来的存折、银行卡、存取款凭证、银行交易记录；犯罪嫌疑人实施犯罪时与被害人搏斗或其他原因形成的身体损伤诊疗记录；案发期间的气象、水文资料等。对以记录内容证明案件事实情节的证据，也要重视审查和验证，如车载监控、区域监控的相关资料，报案记录、投案记录、抓获经过、破案报告等能说明相关情况的书面材料。

对书证的审查要重点查明：书证的形成过程，书证反映内容与案件的关联，强化书证在证明案件相关事实中的作用。作案工具是被告人与犯罪结果、行为建立联系的纽带，作案工具的来源可以说明主观故意内容，可以验证供述的真伪；查明作案工具持有和使用人，可以区分实行行为人。因此，应当重点审查作案工具的来源及提取过程，查明作案工具是在犯罪现场提取还是在犯罪嫌疑人身上或住所提取；

作案工具不是在作案现场提取的，应当审查是侦查机关提取在先，还是根据犯罪嫌疑人供述后在抛弃、隐匿作案工具地点提取的；根据在案材料不能查明的，应当要求侦查机关补充说明。作案工具上提取到血迹、毛发、指纹等痕迹或生物物证的，要审查是否已检验或者鉴定，以查明是犯罪嫌疑人遗留还是被害人遗留。对作案过程中使用手机等通讯工作的，审查中要注意查明是否已将手机等通讯工具的使用情况作为当事人一项基本信息记录在案，并对通讯工具使用的相关情况进行调查取证。要注意审查：被告人的手机是否扣押在案，扣押在案或已发还的手机是否对手机储存的信息予以提取、复制；查明与案件关联的手机、固定电话等通讯情况与案件事实的关联性；查明涉案手机的联系人范围、移动轨迹，确定犯罪嫌疑人或被害人等相关人员在特定时间、特定区域活动情况及联络情况。对尸体、人身检查以及物证鉴定等鉴定意见应当重点审查：委托鉴定程序等是否符合法律规定，检材提取时间与委托时间是否矛盾，鉴定人员的资质是否适格，检材的提取、保管、移送、鉴定程序等是否规范，鉴定意见中关于检材的来源与现场勘查笔录或相关提取笔录是否对应，鉴定过程是否规范，鉴定方法是否科学，鉴定意见分析论证是否清晰严密，鉴定结论是否科学，鉴定意见是否告知案件当事人等。

4.注意把握客观性证据的综合运用

审查案件要注意分析物证、书证等客观性证据收集工作的全面性。审查后认为证实案发起因、作案过程和工具、危害后果、毁灭罪证、逃避处罚、销赃窝赃等行为的客观性证据未能全面收集提取或遗漏移送的，应当要求侦查机关补查、移送，或作出合理解释。对于证据证明力的审查，要结合案件的具体情况，从各证据与待证事实的关联程度、各证据之间相互印证性等方面进行综合分析论证。对定案的客观性证据之间，或与言词证据之间存在矛盾的，应当及时进行甄别，以排除定案证据之间的矛盾或矛盾能够得到合理解释。对于客观性证据之间的矛盾，审查中应当结合每个证据获取、记录、移送等各个环节进行逐一比对分析，找出原因，排除矛盾。①

① 参见浙江省人民检察院于2012年9月11日印发的《死刑案件客观性证据审查工作指引（试行）》（浙检诉二〔2012〕4号）。

第四讲

阅卷的技巧与方法

——认知的选择性特点与阅卷重点的准确把握

法律心理学研究表明，在复杂的环境中，在同一时刻里，作用于人的感知觉器官的刺激多种多样。法官在审判案件、阅卷审查时也是如此。法官不可能对同时作用于他的刺激全都清楚地感受到，也不可能对所有的刺激都作出相应的反应。法官总是把与案件处理有密切联系、与犯罪构成要件有关的案件事实信息作为认知的对象，作为阅卷审查的重点，而其他事物作为认知的背景，只能模糊地觉察。这一特点就是认知的选择性特点。根据法官认知案情的心理规律与特点，笔者以为，法官要想准确把握阅卷重点、提高阅卷质量，必须注意掌握一系列的技巧与方法。

在刑事阅卷中，法官既要有全貌意识，使案件全部事实信息均能进入自己的视线范围，又要突出重点，善于把握关键，提高审判效率。

任何一个犯罪行为，实质上都是一个复杂的犯罪行为体系，有主干行为，也有细枝末节。

从裁判的形成机制来看，司法并非逻辑三段论的简单运作，尤其是事实与规范的互动和匹配过程，为不同主体的生活经验、价值判断等因素提供了应用空间。

•专题一 要有全貌意识
——如何坚持全面阅卷，防止信息遗漏

实践中，我们可能都有类似的经历或体会，那就是，在开庭审判时，当法官注意看被告人、听取被告人辩解时，被告人的一切举动、表演以及言语成为法官知觉的对象，而法庭上的公诉人、辩护律师、旁听群众等便成为知觉的背景；当法官注意听律师的辩护时，律师的声音便成为法官知觉的对象，而周围公诉人、旁听者的行为表现、进入视野的一切便成为法官知觉的背景。这说明，知觉的对象和背景之间的关系是相对的，这表现在知觉的对象和背景可以互相切换。法官接触到的法律条文丰富多彩，名目繁多。当法官打开法律手册时，作用于法官感官的刺激即法条是非常多的，但法官不可能对同时作用于其感官的法条全都清楚地感知到，也不可能对所有的法条都作出相应的反应。在同一时刻里，他总是对少数法条知觉得格外清楚，而对其余的条文知觉得比较模糊。知觉得特别清楚的部分法条，我们称之为法官知觉的对象，知觉得比较模糊的部分法条自然成为知觉的背景。当法官在阅读案卷的时候，其知觉对象和背景的关系也并非固定不变的，而依一定的主客观条件经常转换。在知觉过程中，凡是与办案法官的当前需要、愿望、工作任务及以往知识经验联系密切的法条，都容易成为知觉的对象。

上述认知的选择性特点对于加速对审判任务的处理、及时把握案件的重点、提高审判效率显然具有十分重要的实践意义。但弊端也很明显，那就是极易造成大量案件信息的遗漏，影响客观事实的全面、准确认定。由于感知觉的选择性特点，前手法官、检察官、证人在认知案件事实过程中均只能获取部分案件信息，从而可能造成大量案件事实情节的遗漏。因此，如何既能全面把握案情，又能突出重点，对于职业法官来说尤为重要。本书所谓的全貌意识，就是要求法官在审阅案卷时，能够站在全局的高度，以系统观念尽量恢复案件的全貌和原貌，让相关案件事实信息能进入法官考量的视野，防止案件事实信息的遗漏，影响司法公正的实现。而要做到有全貌意识，就必须坚持全面阅卷原则，务必依照法定程序，全面、客观、公正地审查判断证据。具体而言，法官应当注意以下几个问题：

一、要审阅全部卷宗材料，不遗漏每一页

案件材料的完整性、全面性对于法官掌握全部案情非常重要。实践中，法官首先要注意审查卷宗材料的全面性、完整性，发现案卷材料失少的，一定要追查下落，及时找回补齐。其次，面对手头案件材料务必逐一阅读审查，同时做好阅卷摘录，消化吸收全部案情。刑事案件材料每一页纸都是非常重要的，都可能记载着重要的定罪量刑信息，绝不能有一页没看。实践中，在案多人少矛盾非常突出的情况下，司法者阅卷不细、办案粗糙的现象也时有发生，有的案件，可能办案人员比较“自信”，认为案件事实清楚，没必要逐一翻阅，其实这种想法实在要不得，十分有害。死刑案件人命关天，非死刑的一般案件，

只要判刑，对老百姓来说都是天大的事，务必慎之又慎。实践中，有很多前辈严谨的工作作风值得我们学习。比如，在我的印象中，当时还存在院庭长审批案件的情况下，有一位分管院领导就非常认真、严格把关。记得有一次一个同事办了一个案件报分管院领导审签，这位院领导在翻阅案卷时，发现一审法院正卷中的庭审笔录纸还粘在一起（当时手记的笔录纸，用糨糊粘着），显然，这位同志没有逐页翻看原审“庭审笔录”，而是数页一起翻过去，于是就把这位承办人叫过去予以严厉批评。从此以后，谁也不敢这样了，使全院养成了严格的办案规矩。最后，除了审阅整宗案卷，还要认真审阅每一页散卷。在案卷材料中，除了公安、检察机关和一审法院移送的整宗材料外，有时还有部分未能装订的散件，尤其是一审法院移送给二审的材料中，经常会有这种情况，在一审审结后，原审法院收到一些材料，再转递给二审法院。总之，法官办案中，要做到不遗漏一页纸。

二、要增强宏观意识，尽量恢复案件原貌

所谓宏观，泛指大的方面或总体方面。宏观既可以指思考的方式，即从大局着想、整体性考虑，也可以指观察的方式，通常是指整体层次方面去观察的科学方式。在办理案件中，宏观意识非常重要。多年前，在实践中曾遇到过这么一个案例，公安机关以诈骗罪立案，检察机关以诈骗罪起诉到人民法院，一审以诈骗罪判处被告人许某无期徒刑，许某不服提出上诉，省高院二审法官经审查，站在全局的高度，恢复案件原貌后认为这实际上是一件共同走私案件，由于分赃不均，

所谓的“被害人”以对方诈骗为由向公安机关报案，局部地看，似乎这是一起诈骗案件，但整体地看，背后是一起共同走私普通货物案。二审法官本着高度负责的精神，提出了撤销原判，发回重审，商检察机关撤回起诉，交由海关缉私部门重新立案侦查的处理意见，得到了合议庭的一致认可。经多方协调，该案最终由海关缉私部门重新立案侦查，最终以走私普通货物罪判处被告人死缓，所谓的被害人被判处无期徒刑，数千万赃款赃物全部被追缴，上缴国库。可见，在经济犯罪办理中，恢复案件原貌非常重要。实践中，要想做到增强宏观意识，尽量恢复案件原貌，法官应当注意以下几个问题：

（一）不受被害人报案陈述或被告人供述范围的限制，尽量恢复案件原貌

案发后，被害人会向公安机关经济犯罪侦查部门报案，接报后，公安机关经审查后立案，并对犯罪嫌疑人进行讯问，无论是被害人的陈述，还是犯罪嫌疑人的供述，目的都在向公安机关提供各自的“故事版本”。到了法院审理阶段，法官既要倾听、审查被害人的陈述和被告人的供述，但又不能“被害人或被告人说什么，就信什么”，而要保持独立判断，理清“故事脉络”，整理出“故事框架”。

（二）不受公安机关起诉意见书事实范围的限制，尽量恢复案件原貌

起诉意见书，是指公安机关、国家安全机关等侦查部门依法将侦查终结的案件移请检察机关的起诉部门审查，建议对被告人起诉的法律文书。根据刑事诉讼法及其他有关规定，对犯罪事实清楚、证据确实充分，依法应对被告人追究刑事责任的案件，应制作起诉意见书，

经有关领导批准后，连同卷宗材料、证据，一并移送同级人民检察院起诉部门审查起诉。主要内容包括被告人的身份等基本情况、犯罪事实、起诉理由和法律根据，并附注被告人现关押场所、卷宗册数，以及随案移送的赃物、证物、违禁品及其清单等。起诉意见书是侦查机关对犯罪事实首次以文书形式进行正式的“冻结”和“固定”，所认定的事实概貌对于后续司法机关的办理影响较大，法官在后续审查认定案件事实时，既要参考公安起诉书认定的事实版本及涉嫌罪名，又要不拘泥于起诉意见书的认定。

附：起诉意见书范例

××公安局（×××人民检察院）起诉意见书

×公/检刑诉字（×）×号

犯罪嫌疑人____，男（女），____年____月____日生，民族____，籍贯____，文化程度____，单位及职业________，住址____________。

违法犯罪经历：________________________________。

经我局侦查终结，证实犯罪嫌疑人××有下列犯罪事实：

____

____

____。

综上所述，犯罪嫌疑人××的行为触犯了《刑法》第×条第×款，涉嫌________罪，根据《中华人民共和国刑事诉讼法》第××条之规定，特将本案移送审查，依法起诉。

此致

××人民检察院（或本院公诉部门）

局长（印）

（公安局印）（自侦案件加盖办案部门章）

××××年×月×日

注：

（1）犯罪嫌疑人××现羁押于××看守所；

（2）附本案卷宗共×卷×页。

（三）不受检察机关起诉事实范围的影响，尽量恢复案件原貌

起诉书是人民检察院依照法定诉讼程序，代表国家向人民法院对被告人提起公诉的法律文书。起诉书的正文主要内容包括：

1. 被告人的基本情况，包括被告人的自然情况、是否受过刑事处罚、采取强制措施的情况；

2. 案由和案件来源，包括退回补充侦查、延长审查起诉期限等情况；

3. 案件事实，包括犯罪的时间、地点、经过、手段、动机、目的、危害后果等与定罪量刑有关的事实要素；

4. 起诉的根据和理由，包括被告人触犯的刑法条款、犯罪的性质、法定从轻、减轻或者从重处罚的条件，共同犯罪被告人应负的罪责等。

案件事实部分，是起诉书的重点。对起诉书指控所犯有犯罪事实，无论是一人一罪、多人一罪，还是一人多罪、多人多罪，都已逐一列

举。相比起诉意见书，起诉书更为成熟、权威，因此，起诉书所确认的事实版本对法官的影响更大。但是，一审法官在审理案件时一定要开阔视野，不受起诉书视野范围的影响，尽量让案件的原貌进入自己的视线范围，就检察机关指控的事实及定性进行全面审视。

附：起诉书范例

××××人民检察院起诉书

×××字第　号

第一部分：被告人的姓名，性别，年龄（出生年、月、日），籍贯，民族，文化程度，单位，职务，住址，是否曾受过刑事处罚，被拘留、逮捕的年、月、日。

第二部分：案由和案件来源。

第三部分：犯罪事实和证据。

第四部分：起诉的理由和法律根据。

此致

××××人民法院

检察长（员）：××××年

×月×日

附：（“附”项根据案件情况填写，包括被告人羁押场所、卷宗册数、赃物证物等）。

（四）不受一审刑事判决书确认事实范围的影响，尽量恢复案件原貌

刑事判决书是人民法院依照刑事诉讼法规定的程序，对刑事案件审理终结，根据查明的事实和证据，依法对被告人定罪量刑的书面决定。根据我国现行法律，刑事判决书分为第一审刑事判决书和第二审刑事判决书。在办理刑事二审案件过程中，承办法官在审查认定案件事实过程中，既要审查原判认定的事实是否清楚，证据是否确实、充分，又要尽量恢复案件的全貌，站在更高的角度、更宽广的视线范围来审查事实筛选是否准确、客观公正，不受原判事实范围的限制。

附：刑事判决书范例

××××人民法院

刑事判决书

（××××）×刑初字第××号

公诉机关：××××人民检察院。

被告人：……（写明姓名、性别、出生年月日、民族、籍贯、职业或工作单位和职务、住址和因本案所受强制措施情况等，现在何处）。

辩护人：……（写明姓名、性别、工作单位和职务）。

××××人民检察院于××××年××月××日以被告人×××犯××罪，向本院提起公诉。本院受理后，依法组成合议庭（或依法由审判员×××独任审判），公开（或不公开）开庭审理了本

案。×××× 人民检察院检察长（或员）××× 出庭支持公诉，被告人 ××× 及其辩护人 ×××、证人 ××× 等到庭参加诉讼。本案现已审理终结。

……（首先概述检察院指控的基本内容，其次写明被告人的供述、辩解和辩护人辩护的要点）。

经审理查明，……（详写法院认定的事实、情节和证据。如果控辩双方对事实、情节、证据有异议，应予分析否定。在这里，不仅要列举证据，而且要通过对主要证据的分析论证，来说明本判决认定的事实是正确无误的。必须坚决改变用空洞的"证据确凿"几个字来代替认定犯罪事实的具体证据的公式化的写法）。

本院认为，……［根据查证属实的事实、情节和法律规定，论证被告人是否犯罪，犯什么罪（一案多人的还应分清各被告人的地位、作用和刑事责任），应否从宽或从严处理。对于控辩双方关于适用法律方面的意见和理由，应当有分析地表示采纳或予以批驳］。依照……（写明判决所依据的法律条款项）的规定，判决如下：

……［写明判决结果。分三种情况：

第一，定罪判刑的，表述为：

"一、被告人 ××× 犯 ×× 罪，判处……（写明主刑、附加刑）；

二、被告人 ×××……（写明追缴、退赔或没收财物的决定，以及这些财物的种类和数额。没有的不写此项）。"

第二，定罪免刑的表述为：

"被告人 ××× 犯 ×× 罪，免予刑事处罚（如有追缴、退赔或没收财物的，续写为第二项）。"

第三，宣告无罪的，表述为：

“被告人 ××× 无罪。”]

如不服本判决，可在接到判决书的第二日起 ×× 日内，通过本院或者直接向 ×××× 人民法院提出上诉。书面上诉的，应交上诉状正本一份，副本 × 份。

审判长 ×××

审判员 ×××

审判员 ×××

×××× 年 ×× 月 ×× 日

本件与原本核对无异

书记员 ×××

（院印）

三、要善于整体性考虑，遵循证据逐一审查与综合判断相结合原则

在阅卷审查过程中，既要逐一审查证据，又要善于从整体上予以考虑，坚持综合分析判断原则，尤其在办理诈骗类案件时，更需要综合分析。近年在打击合同、金融诈骗等犯罪中，司法机关面临的最大难题是如何查证和认定行为人非法占有目的。一般认为，有必要运用刑事推定的方法，解决该难题。由于推定是基于已经确定的基础事实径行认定案件事实，不需要收集、固定、运用证据来证明，这就可以

消除推定事实举证和证明上的困难，简化了认定事实的环节，具有节约诉讼成本、提高诉讼效率、防止犯罪分子逃脱刑事追究、保障诉讼公正等意义。[①]但是在适用推定时，必须整体性考虑，坚持综合审查分析的模式[②]：（1）适用推定必须确保基础事实的真实性。如在推定金融诈骗罪的主观目的时，对《全国法院审理金融犯罪座谈会纪要》（以下简称《纪要》）列举的七种情况必须要有充分的证据予以证明，以确保基础事实真实可靠。（2）基础事实与推定事实之间的联系必须具有高度的盖然性。如非法集资款不能返还与非法占有目的之间的联系就不具有高度盖然性，因此《纪要》强调："不能仅凭较大数额的非法集资款不能返还的结果，推定行为人具有非法占有的目的。"（3）允许被告人提出反证，并以反证的成立与否确定推定的成立与否。推定结论，有一定的或然性，必须以反驳来加以验证。所以，《纪要》指出："对于确有证据证明行为人不具有非法占有的目的，因不具备贷款的条件而采取了欺骗手段获取贷款，案发时有能力履行还贷义务，或者案发时不能归还贷款是因为意志以外的原因，如因经营不善、被骗、市场风险等，不应以贷款诈骗罪定罪处罚。"

依笔者浅见，根据非法占有目的形成、存续的心理机制，尽管"非法占有目的"属于行为人的主观心理状态，但它必然通过一系列外化的客观行为表现出来，在判断行为人主观心理态度时，必须以其外化行为要素作为基础事实。对外化行为要素的确定，必须以其实施的

① 肖中华、张少林：《刑事推定与犯罪认定刍议》，载《人大复印报刊资料（刑事法学）》2002年第9期。

② 参见张兆松：《金融诈骗罪主观故意新论》，载《人民检察》2002年第5期。

活动为基础，应当综合考虑行为人事前、事中以及事后的各种主客观因素进行整体判断，从行为人的诈骗技术过程、各个行为环节着手，综合所有事实，经过周密的论证，排除其他可能，才能得出有无“非法占有目的”的正确结论。据此，如果说明行为人“非法占有目的”的外化行为要素越多、越全面，则推定的准确度自然也越高。

四、要透过现象看本质，不被表象所迷惑

以受贿案件为例。受贿犯罪是一种传统的职务犯罪，但随着经济和社会的快速发展，行受贿犯罪正在向更加隐蔽化、策略化方向发展。在现实生活中，一些受贿分子假借各种“合法”民事活动之名，收取贿赂的现象时有发生，并故意混淆“合法”与“非法”的界限，规避法律法规，以逃避法律追究。此类行为具有形式合法、方法隐秘、手段狡猾等特点，因而给审判实践对行为性质的准确判定带来一定困难。为此，最高人民法院、最高人民检察院于2007年7月8日公布《关于办理受贿刑事案件适用法律若干问题的意见》(以下简称《受贿意见》)对若干新型受贿的认定提出了相对明确的处理意见。从法理上分析，“新型受贿区别于传统受贿的独立性特征在于其与合法民事行为或正当社会生活紧密交织。”[①] 其中，交易型受贿、公司合作投资型受贿与委托理财型受贿、干股分红型受贿等在规范上均属于典型的民、刑交织案件。要检验民、刑规范实体交织情形下的新型受贿案件是否构成

① 薛进展、闫艳、谢杰：《新型受贿犯罪司法认定若干疑难问题探讨》，载《甘肃警察职业学院学报》2010年第4期。

犯罪，必须经过民刑法律规范的两次判断。其中，民事法律规范对请托人与受托人之间的法律关系设定的是形式判断标准，而刑事法律规范对请托人与受托人之间的财产流转关系设定的是实质判断标准。实质标准是认定受贿犯罪的决定性尺度。[①] 从实质角度考量，各种假借“民事行为”名义，行“受贿犯罪”之实的现象虽然花样不断翻新，但其“非法性”的“权钱交易”本质特征难以改变，司法机关也必然能够通过对证据的全面掌握与审查判断，透过假象揭露犯罪本质。由此可见，在刑事案件阅卷审查过程中，法官务必坚持实质审查原则，透过现象看本质，才能真正做到从案件整体考虑、从全局着想，全面把握案件的定性处理。

---

① 参见薛进展、闫艳、谢杰：《新型受贿犯罪司法认定若干疑难问题探讨》，载《甘肃警察职业学院学报》2010 年第 4 期。

•专题二　关键行为决定定性
——如何在规范的指引下抓住关键情节，突出重点

根据案件事实形成的认知规律，笔者曾将“事实”划分为四类：（1）原初事实；（2）证据事实或法官面前的事实；（3）认知事实或法官内心的事实；（4）案件事实或裁判事实。[①]而所谓原初事实是指社会生活中广泛存在的生活事实，即“初始的实际事件”“未经加工的原始事实”。原初事实为既存的已发生的客观唯一的事实。作为实际事件，原初事实一旦发生，它便脱离人的意识而独立存在，成为一种不以人的意志为转移的客观实在的物，因此在个案中不因当事人的不同而不同，不因法官的改变而改变。但是，原初事实并非都为法律所规范。这些原初事实中，有的事项具有法律意义，有的事项并不为法律所规范。我国台湾地区学者王伯琦先生就此曾指出：“社会各种事物，有为法律规范所支配者，有为其他规范，如道德、礼仪、宗教等规范所支配者。为法律规范所支配之事物，即为法律适用之对象，称之为法律事实。”[②]黄右昌先生指出：“宇宙发生之事实，多至不可纪极，花之开落，草之荣枯，浮云之出没，鸟兽之飞走，与夫江上之风情，山间之

① 参见陈增宝：《司法裁判中的事实问题——以法律心理学为视角的考察》，载《法律适用》2009年第6期。

② 王伯琦：《民法总则》，我国台湾地区正中书局1963年版，第119页。转引自黄茂荣：《法学方法与现代民法》，中国政法大学出版社2001年版，第196页。

明月，耳得之而为声，目遇之而成色，此等事实不能发生法律之关系，可勿论也。其足以发生法律关系者，总称法律事实。”[①] 从以上两位先生的论述中，我们不难看出，并非所有的生活事实都能够产生法律效果，作为案件的事实最终成为裁判的根据。正因如此，案件发生以后，当事人、法官或其他主体才需要对原初事实进行必要的加工和裁剪（筛选），以期达到自己或工作上的目的。整个事实认知流程从量上考察是逐一缩小的过程，从认知深度考量是逐步深入的过程，[②] 原初事实在整个事实认知过程中呈现出层层限缩、屡屡失真的特点。

根据前述有关事实认知规律，在刑事阅卷中，法官既要有全貌意识，使案件全部事实信息均能进入自己的视线范围，又要突出重点，善于把握关键，提高审判效率。毕竟司法资源有限，执法办案不能“眉毛胡子一把抓”。一般来说，带着问题和任务，阅卷的目的性就会更加明确，思路也就更为清晰。而一个案件究竟存在哪些问题和阅卷任务，取决于法官的审判预断与自身的法律知识、办案经验和司法水平。实践中，应当注意把握以下几点：

---

① 黄右昌：《民法总则诠解》，我国台湾地区商务印书馆 1960 年版，第 214 页。转引自黄茂荣：《法学方法与现代民法》，中国政法大学出版社 2001 年版，第 196 页。

② 参见李安：《刑事裁判的思维模式研究》，中国法制出版社 2007 年版，第 145~146 页。

一、主干行为决定定性

任何一个犯罪行为，实质上都是一个复杂的犯罪行为体系，有主干行为，也有细枝末节。根据刑法原理，犯罪行为作为罪体构成要素的行为，是指行为主体基于其意志自由而实施的具有法益侵害性的身体举止，实质上指的是主干行为，并非细枝末节，相关事实要素就成了阅卷审查的重点。我国刑法规定有四百多种犯罪，从行为的构成要件上进行分析，每一种犯罪都具备四个方面的要件：

（一）犯罪主体方面

犯罪主体是指实施犯罪行为的人。每一种犯罪，都必须有犯罪主体，有的犯罪是一个人实施的，犯罪主体就是一人；有的犯罪是数人实施的，犯罪主体就是数人。根据刑法规定，公司、企业、事业单位、机关、团体实施犯罪的，构成单位犯罪，因此，单位也可以成了犯罪主体。与犯罪主体有关的事实信息自然成为阅卷审查的重点内容。

（二）犯罪主观方面

主观方面是指犯罪主体对其实施的犯罪行为及其结果所具有的心理状态。犯罪主观方面的心理状态有两种，即故意和过失。比如犯盗窃罪，犯罪人希望将他人财物窃为己有；犯故意伤害罪，犯罪人希望造成他人身体受到损伤的结果。有的犯罪是过失性质的，如失火罪，犯罪人就具有疏忽大意的心理状态。在单位构成犯罪的情况下，该单位对犯罪行为负有责任的人员也同样具有主观心理状态。实施主干行为的行为人主观故意内容是阅卷审查的重点。

（三）犯罪客观方面

客观方面是指犯罪行为的具体表现。比如诈骗罪，行为人实施采取虚构事实、隐瞒真相等方法骗取他人的行为，贩毒罪具有贩卖毒品的行为，等等。有关犯罪行为所涵摄的时间、地点、经过、后果等事实信息就是阅卷审查的重点。

（四）犯罪客体方面

犯罪客体是指刑法所保护而被犯罪行为所侵害的社会关系。犯罪客体和犯罪对象是不同的，犯罪对象是犯罪行为直接针对的对象，如故意杀人罪、故意伤害罪，犯罪对象是具体的被害人，而犯罪客体是指刑法所保护的公民人身权利不受非法侵害的这种社会关系。

二、目的行为决定定性

这种情况主要发生在牵连犯之中。牵连犯在我国刑法条文中虽然没有明文规定，但在司法实践中却经常涉及。对于牵连犯问题，在刑法理论界存在较多争议。传统刑法理论认为牵连犯是实质的数罪，处断的一罪；新刑法的规定对牵连犯既有适用从一重处断，又有适用数罪并罚。一般认为，所谓牵连犯，是指行为人出于一个犯罪目的，实施数个犯罪行为，数个行为之间存在手段与目的或者原因与结果的牵连关系，分别触犯数个罪名的犯罪状态。除我国刑法特别规定的外，一般从一重罪论处。如《刑法》第399条第4款规定：“司法工作人员收受贿赂，有前三款行为的，同时又构成本法第三百八十五条规定之罪的，依照处罚较重的规定定罪处罚。”即徇私枉法罪与受贿罪或枉法裁判罪与受贿罪构成牵连犯，要从一重处断。

三、关键手段决定定性

实践中，有些盗窃行为和诈骗行为相互交织的案件，盗窃与诈骗不存在牵连，二者的根本区别在于，要看财产所有人或持有人是否有处分财产的意思和行为人非法占有他人财物的关键手段。易言之，盗窃罪与诈骗罪在主观上都以非法占有他人财物为目的，但在非法占有他人财物的手段和方法上有所不同，盗窃罪的关键手段是“秘密窃取”，而诈骗罪则是“骗取”，在一些诈骗和窃取行为相互交织的案件中，则看非法占有他人财物的关键手段究竟是“秘密窃取”还是“骗取”？ 这不仅在普通诈骗案件中如此，而且在含有诈骗性质的侵占、贪污类案件中也适用该原理。这里不妨举一个案例加以说明。

附：李某、张某盗窃案①

［基本案情］

被告人李某、张某案发前均系A市公交总公司的无人售票公交车驾驶员，因经济拮据而共谋窃取票款。2002年8月12日，李某在公司里按事先分工，趁保管票箱钥匙的杨某将衣服挂在办公室内而暂时外出之机，偷配了由张某负责驾驶的19路公交车投币箱钥匙。2002年8月至2003年6月，两被告人在张某驾车营运过程中，多次采用偷配的

① 参见陈增宝：《无人售票公交车司机偷配钥匙占有票款定性分析》，载《人民司法》2004年第12期。

钥匙开箱，占有箱内票款共计人民币2万余元，赃款平分，遂引发诉讼。

［审理情况］

审理过程中，各方对本案应如何定性分歧较大，主要有三种意见：第一种意见认为，二被告人非法占有的财物系公交车投币箱内的、尚未进入收箱工作程序的票款，应视为处于当班司机即被告人张某的实际占有之下的财物，张某有保管该财物的职责，其内外勾结，利用职务之便将财物占为己有的行为应构成职务侵占罪；第二种意见认为，投币箱内的票款，由公交公司设专人掌握钥匙保管，应视为处于公司或其保管钥匙人员的实际占有控制之下的财物，二被告人利用工作之便，偷配钥匙，窃取他人占有之下的财物，其行为应构成盗窃罪；第三种意见认为，公交公司是国有公司，二被告人利用职务之便非法占有国有财产，应定贪污罪。法院最终认定二被告人的行为构成盗窃罪。

［分析意见］

笔者认为，法院认定二被告人的行为构成盗窃罪是正确的，引发本案定性争议的主要原因在于对票款占有的归属、被告人是利用职务之便还是利用工作之便以及“偷配钥匙”这一主要作案手段有不同的判断或把握，相关问题则是争议的焦点。现围绕争议焦点，具体分析如下：

一、被告人张某和李某事先不是票款的占有主体

根据刑法理论通说，盗窃罪的基本特征，是违反被害人的意志，使用平和的方式，将他人占有的财物转移为自己或者第三者占有，而职务侵占罪、贪污罪的基本特征，是利用职务之便将自己占有的他人

（单位）财物转移为自己所有。亦即，行为人不可能盗窃自己事实上占有的财物，若其针对自己事实上已经占有的财物而犯罪只能成立职务侵占罪、贪污罪。所以，弄清作为犯罪对象的财物之占有的归属即谁在事实上占有支配财物，对于区分盗窃罪与职务侵占罪、贪污罪具有决定意义。本案中，解决定性之前则需要考察李某、张某二人是否事实上支配票款？显然，李某既不是公交车当班驾驶员，也不是票箱钥匙的保管员，其与票箱、票款无任何直接关联，不是财物的占有主体。而张某是当班驾驶员，与票箱、票款有直接联系，李某的行为性质显然依附和取决于张某，因而张某是否属于票款的占有主体之认定成为解决本案定性的关键。如果张某是票款的占有主体，则张某伙同李某“内外勾结”非法占有票款的行为应构成职务侵占罪或贪污罪；如果张某不是票款的占有主体，则本案应该定盗窃罪。对这个问题，笔者的看法是：张某不是票款的占有主体，本案应定盗窃罪。理由如下：

1. 张某作为财物的辅助占有者而存在，其对票款的支配不是刑法上的占有。首先，张某虽然事实上参与了票款的管理，但其作为下位者处于从属地位。本案中，从表面上看，张某与公交公司、执掌票箱钥匙的保管员均参与了票款的管理，符合“数人参与共同管理、支配某种财物”的特征，但三者之间明显存在上下主从关系，其中，公司与执掌票箱钥匙的保管员为上位者，而张某系下位者。其次，张某作为公交车驾驶员，在上班期间对公交车上包括投币箱及箱中的钱在内的附属物存在保管占有（或称其与单位共同管理）的事实，但此种“占有”只是一种“辅助占有”，而不是刑法意义上的占有。因为，张某作为单位专设保管员或单位本身占有的辅助者而存在，在保管员或单位的监督之下管理财物，张某对票款不具有处分权，只是物理的、机械的支配以及事实上的握有，其对财物不具有完全、足够的支配力。换言之，尽管张某事实上握有该财物，或者说由其事实上支配该财物，但他也只不过是单纯的监视者或者占有辅助者，而不是真正的“占有者”。最后，张某与单位或单位专门设置的保管员之间不具有高度的委托信赖关系，箱内的票款显然被单位及其专门保管员掌握支配下的票箱、用于票箱的钥匙所确保。因为，从公交公司将票款加锁置于箱中看便足以说明此点，公交公司显然有排斥包括张某在内的“他人”接触、支配票款的机会，表明了该单位对张某的不信任。因此，我们决不可将张某这种物理上的、机械上的持有与刑法意义上的占有等同。

2. 票款作为封缄物的内容物而存在，封缄物整体与内容物的占有有区别。首先，本案票款属于上锁的封缄物之内容物，该内容物与封缄物整体具有不同程度的委托信赖关系。本案中，应当承认，张某与公交公司之间在内容物、封缄物整体问题上均体现了委托关系，但是委托者即公交公司将封缄物及内容物交给受托者即张某保管、运输时，其内在的信任程度明显有别，在封缄物整体即整个票箱的交付上体现了委托者对受托者具有高度的信赖，而在内容物即票款的交付上体现了较低度的信赖甚至明显不信任。其次，将封缄物的整体与其内容物的占有归属加以区别，采取分别对待（处理）的态度，即主张封缄物整体归受托者占有，内容物仍然归委托者占有，有利于实现罪刑相适应。或许有人会认为，对封缄物与内容物的侵害行为“分别处理”会有失刑罚均衡，其理由是：根据刑法的规定，职务侵占罪的法定刑低于盗窃罪的法定刑，若行为人侵害了整个封缄物构成职务侵占罪，处罚较轻；若行为人只是侵害了其中的内容物构成盗窃罪，处罚反而较重，因而认为上述“分别处理”的态度不合理。其实，这种观点是对“罪刑均衡”的曲解，以此否定“分别处理”的合理性并不能成立。通过上述分析可知，在封缄物整体的场合，委托者与受托者存在高度的信赖关系，而在内容物的场合，委托者与受托者不存在高度的信赖关系。对侵犯高度的信赖关系的场合处罚较轻，乃是因为其以人身信任为基础，委托者在委托时负有谨慎的注意义务，其对自己选人、用人不当未尽注意义务而必须承担一定的责任，作为受托者的一方由此获得一定的豁免则是符合刑法正义原则的。就此而言，对封缄物与内容物的侵害行为分别处理，实际上是对是否存在高度“信赖关系”之不同场合的区别对待，从而获得真正的“罪刑均衡”，实现了罪刑相适应。再次，《刑法》第253条第2款的规定，也间接说明了封缄物的内容物仍然由委托人占有。该条规定：“邮政工作人员私自开拆或者隐匿、毁弃邮件电报的，处二年以下有期徒刑或者拘役。犯前款罪而窃取财物的，依照本法第二百六十四条的规定定罪从重处罚。”这一规定反映了我国刑法对侵害封缄物的内容物按盗窃罪处罚的态度。联系本案，张某作为该车驾驶员，显然具有保证车辆及其附件完整、安全的职责，若张某将封缄物之整体即整个票箱拆回家，实际上属于对高度的信赖关系进行破坏，张某将自己占有之下的本单位财物非法占为己有，则应构成职务侵占罪或贪污罪。而实际上，本案中，被告人张某只取得封缄物的内容物，并没有侵犯封缄物整体的占有，故根据前述分析，应认定为盗窃罪。

二、二被告人作案系“利用工作之便”而不是“利用职务之便”

职务侵占罪、贪污罪以及盗窃罪的手段中均包括窃取行为，所以，在单位内部失窃的场合，职务侵占罪、贪污罪与盗窃罪的区分经常发生争议。一般认为，区分的关键在于查明行为人实施犯罪活动中系利用职务之便还是利用工作之便？本案中二被告人犯罪得逞，主要分以下两个步骤进行：（1）偷配钥匙；（2）使用“偷配的钥匙”开箱取钱。显然，第一步的实施与中二被告人的职务毫无关系，纯粹是利用熟悉周围环境、易于接近作案目标等“工作之便”而完成；第二步表面上看与张某的驾驶员职务有一定关系，但实际上取决于张某是否具有保管票款的职责。如果被告人张某具有保管票款的职责，那么其行为属于利用该职务之便，内外勾结，将自己保管的单位财物非法占为己有，系监守自盗，因而构成职务侵占罪或贪污罪；如果张某不具有该职责，保管票款不是其职务范围，那么其行为仅仅属于伙同李某利用工作之便偷配钥匙秘密窃取单位财物，因而构成盗窃罪。问题的关键在于，作为驾驶员的张某是否具有保管箱中票款的职责？对此，笔者的看法是：被告人张某没有保管箱中票款的职责。因为，对张某是否具有保管作为封缄物内容物的票款职责之判断，实际上与票款的占有归属问题紧密相连。根据上述分析，本案不存在张某占有即保管票款的事实，自然也就无所谓张某存在保管票款的职责了。由此，笔者认为，张某伙同李某取得票款的行为只是“利用工作之便”，而非“利用职务之便”，从而可排除其行为构成职务侵占罪或贪污罪。

三、二被告人作案的主要手段系“偷配钥匙”符合盗窃罪的本质特征

盗窃罪中的“窃取”与职务侵占罪、贪污罪的“窃取”行为虽然

在语词上同一，但其行为仍然存在本质区别。笔者认为，前者的“窃取”以财物存在原持有支配关系为前提，系以自认为不被人发觉的方法“秘密窃取”他人占有之下的财物，须发生占有的移转，即破坏财物的原持有支配关系，为自己或第三者建立新的持有支配关系；而后者的“窃取”以行为人业已持有该财物为前提，一般不发生占有的移转。就本案而言，箱中的票款事先并不处于张某、李某的占有之下，二被告人为了非法占有的目的，采用“偷配钥匙”的手段，进而使用偷配的钥匙开箱，破坏物的原持有支配关系，为自己建立新的持有支配关系，显然发生了“占有的移转”，其行为完全符合盗窃罪“秘密窃取”的本质特征。

综上，无论从占有的归属、有无利用职务之便还是从盗窃罪的本质特征角度看，法院认定二被告人构成盗窃罪都是正确的。

从上述案例评析来看，二被告人作案的主要手段系“偷配钥匙”，符合盗窃罪的本质特征，可见关键手段决定定性。

四、重行为决定定性

实践中，会经常遇到一个犯罪行为被另外一个犯罪行为所吸收，而失去独立存在的意义，仅以吸收的那个行为来定性，对被吸收的行为不再予以定性的情况，这种被称为吸收犯。吸收犯中，两种行为之间之所以具有吸收关系，是因为它们通常属于实施某种犯罪的同一过程，彼此之间存在着密切的联系，前行为可能是后行为发展的必经阶段，后行为可能是前行为发展的自然结果。实践中，一般按重行为吸收轻行为、主行为吸收从行为、实行行为吸收非实行行为等原则处置，选择较重的形态量刑。这里不妨以被告人何某峰等集资诈骗、非法吸收公众存款案为例加以说明。

附：被告人何某峰等集资诈骗、非法吸收公众存款案

［基本案情］

2004年至2014年间，被告人何某峰在浙江省湖州市，以个人或其开办的湖州随缘置业有限责任公司等名义，以个人、公司相互担保，或以随缘公司项目的有关房产、车库作抵押的形式，以资金周转、投资经营为名，以支付高额利息为诱饵，采取口头等方式发布集资信息，在公司出纳即被告人朱某阳的协助下先后向一百余名社会不特定人员以及湖州丰源典当有限责任公司、湖州信立典当有限责任公司等单位非法吸收资金累计人民币94500余万元，造成损失累计人民币8400余万元。之后，其在严重负债、缺乏偿还能力的情况下，仍采取虚构借款用途和自身实力，隐瞒严重亏损等事实真相的手段，先后骗取四十余名被害人以及湖州丰源典当有限责任公司等单位提供款项，实际骗得款项合计人民币3620余万元。

［审理情况］

湖州市人民检察院指控被告人何某峰、朱某阳等分别犯非法吸收公众存款罪、集资诈骗罪。

何某峰及其辩护人认为，何某峰所筹集的资金基本上来源于职工、亲友，属单位内部集资，不构成非法吸收公众存款罪；其主观上没有集资诈骗的犯罪故意，客观上没有实施非法占有和挥霍他人钱财等诈骗犯罪行

为，案发前具有偿还债务的能力，不构成集资诈骗罪，要求宣告无罪。

湖州市中级人民法院经审理认为，检察机关的指控罪名和相关认定成立，并认为应对被告人何某峰、朱某阳的后期行为分离定性，即分别构成集资诈骗罪、非法吸收公众存款罪。一审宣判后，何某峰不服，以无罪为由提出上诉。浙江省高级人民法院经审理认为，何某峰上诉提出原判定性错误，要求宣告无罪的理由不能成立，裁定驳回何某峰的上诉，维持原判。

［分析意见］

其中，关于朱某阳与何某峰的后期行为能否分离定性问题。在该案审理过程中，有人认为，何某峰与朱某阳之间系共同犯罪关系，应当适用同一罪名。我们认为，这种观点忽视了集资犯罪的特殊性，不能成立。非法集资是非法吸收公众存款罪和集资诈骗罪共有的基础行为，非法吸收公众存款罪是集资诈骗罪的基础罪名，而集资诈骗罪则是非法吸收公众存款罪的加重罪名。实践中，根据重行为吸收轻行为的原则，对构成集资诈骗罪的行为人往往按集资诈骗罪一罪处理，但并没有否定其非法集资这一基础行为的存在。本案中，鉴于朱某阳主观上没有与何某峰形成非法占有他人钱财的共同诈骗犯罪故意，对其在何某峰集资诈骗过程中所参与实施的非法集资犯罪行为，连同其前期实施的非法集资行为，均可按非法吸收公众存款罪定罪处罚，相关数额可计入非法吸收公众存款犯罪总额。

专题三　边阅卷边讨论
——如何及时调整自己错误或低效率的阅卷思路

在日常生活和工作中，讨论无处不在。工作中，我们需要讨论；学习时，我们需要讨论；生活中，我们需要讨论。培根说："讨论犹如砺石，思想好比锋刃，两相砥砺将使思想更加锋利。"审判实践中，由于法官个体知识、经验、动机与情绪等个性因素的局限性，往往容易使法官陷入某种认知误区，抓不住工作主题和审判重点，合议庭评议、审委会讨论案件时，在应急情况下，有的年轻法官紧张地称自己"脑子一片空白"，一时想不起具体案情。为什么会出现这种情况？在实践中如何帮助年轻法律人掌握科学的阅卷方法，能够在有限的时间尽快熟悉案情、少走弯路？

一、讨论的途径

根据笔者的实践体会，边阅卷边与人讨论是一种非常有效的方法。与他人讨论包括以下三种途径：

（一）与法官同事特别是同一办公室的人讨论

实践中，对于新入额法官来说，与谁一个办公室、跟谁一个合议庭或审判团队，意义重大。我们认为，人员的合理搭配，有助于搞好"传、帮、带"。尤其是，同一个办公室的人，相互之间影响较大，老同志往往就是年轻同志的身边“师傅”，年轻人在阅卷办案过程中，遇到困难、困惑随时可以向身边的师傅“讨教”。除了同一办公室，也可以延伸到同一个合议庭、同一审判团队、同一审判庭或同一法院等单位同事，可以边阅卷边讨论。当然，现实中，在“人案矛盾”日益突出、司法资源紧张的情况下，与人讨论也应当注意以必要为原则，尽量不要影响他人工作。

（二）与不同专业背景的人讨论，向不同专业背景的人请教

随着科技的进步，社会的发展，知识经济新风的扑面而来，以及世界经济全球化的必然发展趋势，法官面临的是一个更加丰富多彩的世界。法官这一职业决定了法官必须深层次地了解所处的社会以及社会的变迁，并要敏锐地捕捉到因社会变迁所带来的种种法律问题，要以极大的勇气对所面临的法律问题作出符合社会发展规律的、符合法的正义理念的决断。这就需要专业型复合型的法官。以互联网为例。在网络上高发案率的案件类型有：侵犯名誉权、著作权案件，虚假广告损害消费者利益案件，不正当竞争案件，抢注域名案件，网络赌博、诈骗犯罪案件，制作复制出版贩卖传播淫秽物品犯罪案件，传授犯罪方法犯罪案件，侵犯通信自由犯罪案件，黑客犯罪案件等。而其带来的法律问题更是复杂，如案件的管辖问题，侵权行为地与被告所在地的确定及国际法律规范冲突的适用问题等。这林林总总，都随着现代化浪潮，严峻地摆在我们面前，法学界不能回避，也无可回避！在办理走私、虚开增值税专用发票、金融凭证、票据诈骗等经济犯罪案件中，法官不仅需要刑法专业知识，而且需要海关、财务、金融等领域的经济学专业知识。当前，我国法院法官大都是法学专业毕业，对交

叉学科知识的掌握相对不足，在此现实背景下，法官在阅卷审查过程中，离不开向不同专业背景的人请教、讨论。有些专业问题，在阅卷过程中，法官可能会百思不得其解，但与不同专业的人一讨论，往往就会豁然开朗。如在审理走私刑事案件中，与海关人员探讨关税知识、报关流程等有助于法官搞清楚走私的过程，从而确定审查的重点。

（三）适时提讯被告人，让被告人解释案情

法官在阅卷过程中，经常会遇到一种现象，那就是对被告人的犯罪行为模式觉得难以理解，或存在较多疑惑，或不清楚之处。此时，根据笔者的体会，有一个较好的处理办法，就是提讯被告人。通过审问被告人，由被告人陈述作案经过、业务知识的基本原理、获利的主要方式等内容，往往更加直观、快速地了解案情。尤其是经济犯罪，比如内幕交易、操纵证券价格等新类型犯罪，专业性较强，案情也比较复杂，好多承办人在短时间内难以掌握案情，此时，如果在阅卷过程中，带着疑惑和问题去讯问被告人，往往事半功倍。因为，此类高智商专业型经济犯罪，被告人被捕前实际上相当于某一领域的“专家”和“高手”，通过审讯，达到了类似与不同专业背景的人讨论的效果。当然，需要注意的是，刑事审判是非常严肃的办案活动，我们进行的是“提审”，千万不能在被告人面前乱了方寸、“摆出一副请教的样子”，有损司法的权威，而应注意讯问的方式方法，比如，在不清楚之处，尽量让被告人自己交代作案的经过和基本原理，尽量让被告人多讲，法官少问。此外，根据审理需要，提审也可以多次进行。根据提讯情况，再结合在案其他证据进行审查，确定阅卷重点和修正阅卷思路。

二、讨论的益处

概括起来，司法阅卷中“讨论”的益处，主要体现在以下几方面：

（一）弥补阅卷遗漏

由于认知的选择性特点，不同的阅卷主体在审查一个案件时获取的案件信息往往是不同的，考虑问题的角度和看法也各不相同，这是正常的现象，但是容易造成案件信息的遗漏。通过与同办公室的人或不同专业背景的人讨论，起到相互弥补的作用，形成互补，避免案件信息遗漏，使相关有效信息尽可能都进入审查的视线范围。

（二）修正阅卷思路

实践中，案件不同，阅卷审查的思路并不相同，而且不同的法官往往有自己的阅卷习惯和方法偏好。无论采取什么样的阅卷思路，目的都在于审查判断本案事实是否清楚、证据是否确实充分，解决案件的定性是否正确、量刑是否适当等核心问题。但是，每案每人的阅卷思路还是客观存在的，阅卷思路本质上属于审理思路的范畴，思路就像航行的线路一样，出发点和目的地的确定非常重要，比如说，某案检察机关以诈骗罪起诉，承办法官可能会按照诈骗犯罪是否构成的思路去审查分析，但实际上到中途的时候，发现本案不是诈骗，而是走私，如果再按诈骗罪的思路走下去，就会误入歧途。如果在十字路口、在疑惑的时候与有经验的法官一讨论，这位曾经办理过类似走私案件的同行可能会点拨你，教你按走私罪的方向审查。这种富有成效的讨论，实际上起到了帮助新入额法官及时修正错误的阅卷方向和审理思路的作用。

（三）调整阅卷重点

阅卷思路是从整体面上而言，而阅卷重点则属于点的范畴。以集资诈骗罪的办理为例，行为人主观上是否具有非法占有他人财物的目的，客观上有无实施集资诈骗犯罪行为，无疑是阅卷审查的重点。但具体到个别事实的审查过程中，是否具有非法占有目的的判断不仅要看行为人事前情况、事中情况，还要看事后情况。比如，赃款的去向问题，新手法官可能一开始忽视了对赃款去向这一要素的审查，在讨论过程中，经过同事的提醒，意识到赃款的去向是判断行为人主观上是否具有非法占有目的的重要事实，于是，把赃款的去向、资金的往来等内容及时调整为阅卷的重点。

（四）提高阅卷效率

在阅卷过程中与他人进行讨论，有效形成互补，帮助承办法官及时调整自己错误或低效率的阅卷思路，及时调整与确定阅卷重点，显然都明显促进了阅卷效率的提高，避免做无用功。

•专题四　围绕犯罪构成要件展开阅卷——如何将案件事实准确归入法律规范

犯罪构成要件是刑法规定的对行为的社会危害性及其程度具有决定意义、为行为成立犯罪所必需的诸事实特征。事实是否符合规范所要求的构成要件，这是一个判断过程。互动的完成，以判断者认为事实与规范已经达成最佳匹配状态为止。在匹配过程中，需要对事实与规范进行对应、归入。正如法国学者所说：三段论的大前提和小前提往往不表现为既定的因素，而是需要人们去认真探索、发现的。在探索的过程中，法学家们从事实出发来寻找恰当的规则，然后又回到案件的具体情况中来检验是否一致。在这费时颇久的往返运动中，法学家逐步深化着对大前提和小前提的分析，但不能迷失他最终应证明的一致性。现实中，大多数案件的定性之争，既涉及法律问题，又涉及事实问题，甚至有时事实问题和法律问题相互交织。在阅卷审查过程中，承办法官应当重点围绕犯罪的构成要件展开分析审查。这里不妨举一案例予以说明。

附：金某挪用公款案

［基本案情］

被告人金某，男，1968年出生，原系建设银行A支行信贷科信贷员。

1998年4月，B省交通运输协会向建设银行A支行贷款800万元作为奶业培训中心交运大厦（以下简称交运大厦）建设的专项资金，该贷款由被告人金某负责经办。同年6月19日，交运大厦筹建办决定将其中的180万元贷款作为工程款支付给施工单位C建筑公司，但由于种种原因，该单位后来又不想支付这笔工程款。当日下午，筹建办负责人黄某与出纳高某等人到被告人金某办公室，商量关于这笔已开出并付给施工单位的转账支票如何拒付事宜。被告人金某查验后得知该款尚未转入C建筑公司账户时，就提出提走部分现金，造成账户余额不足以达到拒付的目的，得到了黄某和高某的赞同。高某回到筹建办开出现金支票，后由于数额太大，提现没有成功，于是，金某遂提出通过内部转账的方式将其中部分资金转移，从而造成拒付，黄某和高某均没有异议。此后，黄某让高某拿来盖好有效印鉴的转账支票，在转账支票上填好出票日期（6月22日）、付款行名称、出票人账号后，交由被告人金某具体操作。金某在拿到交运大厦筹建办开出的印鉴齐全但没有填写收款单位的半空白转账支票后，填写了收款单位和金额，将工程款中的100万元资金通过银行转账的方式转入在同一银行开户、由其岳母开设的D涂料有限公司。同月23日，金某将该笔资金从D公司转入某证券交易营业部的个人股票账户中，用于其买卖股票的营利活动。之后，交运大厦多次催讨，至今未还。

［审理情况］

本案在侦查、起诉、审理过程中，各方对被告人金某的行为究竟应该如何定性，意见分歧较大。主要有以下五种意见：

第一种意见认为，金某作为国有金融机构的信贷员，对信贷资金负有监管责任，其对贷款单位的违规行为不但不履行监督职责，反而帮助违规操作，并利用其银行工作人员的职务之便，掌握贷款单位的资金运作，将贷款单位的100万元资金转账至其可以控制的涂料公司，并最终转入个人账户中，用于其买卖股票的营利活动，其主观上具有挪用公款的故意，客观上利用职务之便实施了侵犯国家金融管理制度和公款的行为，已触犯《刑法》第185条第2款的规定，构成挪用公款罪。

第二种意见认为，金某擅自将交运大厦筹建办的100万元公款用于个人炒股，该行为与其信贷员的职责没有必然联系，并没有利用其信贷员的职务之便，且该款也不是银行的公款，即本案侵犯的客体是交运大厦筹建办的财产权利，而不是银行的利益，故不构成挪用公款罪。本案属于个人民事委托而产生民事纠纷，被告人无罪。

第三种意见认为，金某基于交运大厦筹建办工作人员的信任，利用信贷工作的便利条件，获取交运大厦筹建办开具印鉴齐全的100万元转账支票后转移该款并用于炒股等，且至今未能归还，其行为比较符合诈骗犯罪的构成特征。但目前要认定被告人主观上具有非法占有目的、构成诈骗罪的证据尚不够充分。

第四种意见认为，金某的行为更符合侵占罪，但侵占罪告诉才处理，本案不宜由检察机关公诉。

第五种意见认为，金某的行为构成贪污罪。

J区人民检察院以被告人金某构成挪用公款罪为由，向J区人民法院提起公诉。J区人民法院认定被告人金某的行为构成挪用公款罪。宣判后，金某不服，提出上诉。二审法院审理后裁定驳回上诉，维持原判。

［分析意见］

笔者认为：法院认定被告人金某构成挪用公款罪是正确的。现尝试从事实审查认定角度入手，运用有关法理论证法院裁判的正确性。

众所周知，大多数案件的定性之争，既涉及法律问题，又涉及事实问题，甚至有时事实问题和法律问题相互交织。但就审理方法而言，考虑并解决问题的前提还是需要先分清“究竟是事实问题还是法律问题”，唯有如此，才能谈得上“事实与规范的相互靠拢”。本案中，与定性相关的可能选择的罪名包括诈骗罪、侵占罪、贪污罪、挪用公款罪，有关法律规定很清楚，上述犯罪构成要件也应该没有多大争议，只要在分析问题时能严格依照法律规定、紧密围绕犯罪构成就行。因此，本案真正疑难的不是法律的理解问题，而是如何围绕犯罪构成要件，从实际发生的整个初始事件中筛选出事实、准确地认定案件事实。所谓“事实”就应该指在上述罪名构成要件指引下，可能涉及的所有事实，相关事实均应进入我们的考察范围，在筛选事实的过程中要求法官的目光不断往返、穿梭于事实与规范之间，进行事实与法律的有效对应，防止遗漏具有法律意义即对定罪有影响的主要事实，同时，对事实的认定应严格遵循证据采信规则。这是讨论本案定性首先必须坚持的方法和思路。

综观各方意见，本案主要是事实问题，有的属于对事实该认定没认定，或对事实有不同的认定意见，产生分歧的直接原因就在于没有在事实问题达成一致的前提下讨论属于法律适用范畴的定性问题。因此，要统一对本案定性的意见，前提是要先围绕犯罪构成要件，解决事实认识的统一。根据相关罪名的构成要件，需重点分析考察的关键性事实问题包括：

一、被告人主观上是否具有非法占有100万元的目的，其将钱从涂料公司转入个人股票账户是非法占有还是非法使用？

二、什么是被告人的职务，其获取资金有无利用职务之便？本案是个人之间的民事委托还是客户与银行之间的委托？

三、被告人在获取财物过程中有无采取虚构事实、隐瞒真相的诈骗手段？

四、本案的被害人是谁，即被告人到底拿了谁的钱，侵犯了谁的利益？

分析如下：

一、关于“非法占有目的”之有无

本案认定被告人“非法占用”。被告人主观是否具有非法占有100万元的目的，其将钱从D涂料有限公司转入个人股票账户是非法占有还是非法使用？这是本案定性的关键。该事实问题，是区分占用型犯罪与占有型犯罪的前提，即是区分构成挪用型犯罪还是贪污、诈骗、侵占等犯罪的前提。如果被告人主观上具有非法占有的目的，则其行为应被认定为贪污罪、诈骗罪或侵占罪，如果被告人主观上仅具有非法占用的目的，则其行为应被认定为挪用公款罪或挪用资金罪等罪名。因此，被告人的主观心理事实是不容回避的重要问题。

有人提出，从以下角度可以运用刑事推定的方法认定被告人具有非法占有目的：（1）被告人获取对方财物后，在较短时间内将钱转入个人账户，表明其没有“履约”诚意。案情显示，交运大厦筹建办于

1998年6月22日出票，银行当天将款划入D涂料有限公司，被告人于6月23日就将相关款项全额转入证券交易营业部，该情节表明，其根本没有归还或至少没有立即归还的诚意。（2）在股票交易过程中，被告人多次提取现金，总额达50万余元（被告人交代三四十万），自称用于个人还债，最终去向不明。（3）被告人事后没有采取部分还款等减少损失的积极行为，而是采取敷衍的办法。

但是，有的人认为，本案认定被告人主观上具有非法占有目的尚不够扎实。理由如下：（1）凭以上理由认定被告人具有非法占有目的的结论只是推定的结果，而推定的结论往往具有或然性。特别是本案，这种推定结论能否经得起反驳，是值得推敲的。如有人提出，如果被告人的确存在非法占有的犯罪动机，其当时无须提出提现的主意，可直接提出转账的方案，而提出转账的方案得到了对方的同意，就是一个比较有力的反证。（2）本案一半款项系在股市中亏损，而股市尽管高风险，但仍属经营行为，不能完全排除非法使用的动机。（3）本案侦查取证、指控均围绕挪用性质展开，对是否具有非法占有意图的取证、举证并不到位，导致相关事实如被告人本人经济状况、负债情况，其将100万元投入股市是否具有抗风险能力，尚不清楚。从证据规则角度讲，事实认定存疑时应有利于被告人，就低认定。（4）本案检察机关认为系非法占用，现审判机关要否定检察机关的认定没有十分充足的理由，且从程序上讲，在没有指控非法占有的情况下，人民法院也难以直接纠正。因此，综合考虑本案的证据以及审判的程序，笔者认为，人民法院根据检察机关的指控认定被告人主观上只具有非法占用他人财物的目的，是正确的。

二、关于职务问题：本案认定被告人利用职务之便

被告人金某获取资金有无利用职务之便？这是区分职务犯罪（挪用、贪污）与普通犯罪（诈骗、侵占）的核心问题。而认定被告人有无利用职务便利，关键在于确定什么是被告人的职务，被告人替交运大厦违规操作的全过程能否视为履行职务的过程，其所作所为是否属于职务行为。

笔者认为，本案应认定被告人利用职务之便。理由如下：

1. 对职责范围的理解不能过于狭窄。职务是指依职责从事的公务活动，而区分职务与私务的关键是要界定职责的范围。一般情况下，法律、法规或单位的规章对员工的职责均事先有所规定，但在实际工作中，由于体制原因以及员工素质等方面的原因，职责不清、职能不分等现象比较普遍，一些人掌握的权力或从事的工作比规定的要多、广。因此，利用职权，应不但包括利用法定（规定）职权，而且包括利用实际职权，职务行为既包括依法定职责实施的具体行为，也可以包括实际进行的违规操作。

2. 被告人与对方单位之间的关系为工作关系。本案中，一个不可否认的事实是，交运大厦筹建办是该银行的一个客户，银行曾有贷款给这一客户，因此，我们有合理的理由推定客户找被告人想办法拒付，实际上是出于对银行的信任，是来请银行帮忙想办法的，被告人身为银行工作人员，在上班时间、办公室内应客户要求受理有关帮助违规操作的事务，显然具有公务的特征。

3. 此项事务虽不属于规定的信贷员业务范围，但根据银行规定，信贷员具有发放贷款、跟踪了解贷款使用、监督检查和及时收回的职

责，也有不良贷款申报认定的权力。本案中被告人为客户实施的违规操作与其信贷业务有联系，是信贷员服务工作的一种延伸，仍可视为其本职工作范围。那种认为本案属于个人之间的民事委托的说法不能成立。

4. 从占有的归属考察，客户在银行内的钱存在多重控制的性质。其中，银行对客户资金，显然有管理职责，那种认为客户自己完全、单独控制资金的说法不能成立。

三、关于欺骗手段之有无：不影响挪用公款罪的认定

根据法学理论通说，挪用公款、贪污等职务犯罪的本质特征是行为人利用职务上的便利，在侵犯单位财产利益的同时，侵犯了其职务的廉洁性，并不排斥行为中是否具有欺骗手段的存在。也就是说，有欺骗手段的，也能认定挪用公款、贪污犯罪，因此，本案是否存在欺骗手段并不影响挪用公款罪的认定。当然，若要认定诈骗犯罪，除了确定被告人主观上具有非法占有目的外，还需重点考察有无欺骗行为在获取财物的过程中起手段作用。案情显示，被告人的确存在虚假承诺、虚构事实、隐瞒真相等欺骗行为，若本案认定被告人主观上具有非法占有目的，则可以考虑认定诈骗犯罪。

四、谁是本案的被害人

被告人到底拿了谁的钱，侵犯了谁的利益？这与能否认定挪用、贪污犯罪也密切相关，实际上取决于上述被告人行为是否属于职务行为的认定。如果能够认定其行为系代表银行的职务行为，则这 100 万元，虽几经周转，所有权在表面上仍归属于交运大厦筹建办，但实际上该款处于国有银行管理控制之中，按照《刑法》第 91 条的规定，在

国家机关，国有公司、企业，集体企业和人民团体管理、使用或者运输中的私人财产，以公共财产论。故被告人私自使用该100万元，最终将导致银行的利益受损，银行成为本案的被害人。

上述案例中，与定性相关的可能选择的罪名包括诈骗罪、侵占罪、贪污罪、挪用公款罪，真正疑难的不是法律的理解问题，而是如何围绕犯罪构成要件，从实际发生的整个初始事件中筛选出事实、准确地认定案件事实。因此，在阅卷审查中法官一定要善于归纳，围绕犯罪构成要件去重点审查构成要件所涵摄的事实要素，作出准确认定。

•专题五 按层次分步骤逐层逐步阅卷——案卷如何“通读”“精读”“深读”

承办法官接收案件后，如何展开阅卷工作，往往因案因人而异。但总体上无不体现按层次、逐步阅卷的特点，在方法论上与人的一般认知规律相符。

一、初入卷面：总揽全局

案件进入法院后，一般先由立案庭负责审查，决定是否立案。由于司法改革后，大多数法院、大多数案件均已实行网上随机分案。立案庭对案件立案编号后移送业务庭，业务庭内勤直接交到承办法官手中。承办法官收案后，先清点案卷并予以签收，然后在自己的办案本上予以登记，或开始制作阅卷笔录首页。初入卷面，主要审查以下几方面的内容：

（一）审查案件卷宗数

移交的案卷共有几卷，有无移送的录像光盘等材料情况，确认材料是否齐全。

（二）审查案号等基本情况

包括原审案号、本院二审案号等编号是否规范，原审承办人是谁等。

（三）审查案情基本情况

翻看一审判决书，大致浏览案件的基本情况，原判的主要犯罪事实及证据，原判刑期，宣判后哪些人上诉，上诉的主要理由是什么？是针对定罪上诉还是仅针对量刑上诉？二审期间有无委托辩护人，是否需要指派援助律师？大概需要做哪些庭前准备工作？通过接触案卷，大致“心中有数”，起到“总揽全局”的作用。

二、“通读”案卷：搭建框架

实践中，在时间紧、任务重的情况下，办案人员在第一次正式和犯罪嫌疑人、被告人沟通案件、提审前，对全案证据材料需要有一个大致的翻阅，以便了解案件的证据体系，预测证据的薄弱环节和办案工作走向，在与犯罪嫌疑人、被告人进行提审交流时，也可以有针对性地安抚当事人的焦躁情绪、做思想教育工作，这个过程尤其需要对案卷进行“通读”。所谓“通读”，指从头到尾阅读全部案卷。通读是感知案卷，以了解案卷的整体构成及证据体系的大致脉络、搭建基本框架为目的，是对案卷材料的感性认识和整体把握。通读宜采取从头至尾以较快的速度阅读案卷的方法，可分为以下四个步骤来完成：

（一）通读案卷目录，了解案卷整体结构

案卷材料目录是办案人员装订案卷的总提纲，这些纲目通过办案人员有序地组织安排，形成案卷材料的整体轮廓。目录所列证据材料的标题后都注有页码，通过阅读目录不仅可以了解各个案卷的起讫、页数，而且可以帮助了解各卷的主要内容以及它们之间的关系，对阅

读证据内容有一定的指导意义。

（二）通读主要法律文书，了解基本案情

主要的法律文书包括公安阶段的提请逮捕决定书、起诉意见书，检察院的起诉书，一审刑事判决书等文书，通过通读这些权威文书，可以大致熟悉案情，了解案件的注意事项。

（三）通读庭审笔录，了解控辩双方的主要意见和争议焦点

庭审笔录是以文字形式对法庭审理全过程所作的记录和再现，是重要的诉讼档案之一。在办理刑事二审案件过程中，承办法官一定要注重审阅一审的庭审笔录，了解被告人在一审庭审中是否对起诉书指控的内容提出过异议，法庭调查阶段如何回答法庭以及控辩双方的发问，案件的举证质证情况、控辩双方围绕本案定罪、量刑、适用法律所发表的意见以及争议焦点，被告人最后陈述中有无认罪悔罪表现等主要内容，相当于经历了一场庭审。

（四）通读主要证据，了解证据体系

通读案件卷宗全文，了解每卷主要内容，在脑海中留下一幅总体案卷“图案”。在通读过程中，对现场勘查笔录和照片、法医尸体检验报告及照片、被告人的首次供述等主要证据应当重点浏览。

三、“精读”案卷：填充细节

精读即精细深入地阅读，是深入了解案情、细致研读审阅每一份证据的阅卷方法。“精读”应当注意以下几点：

（一）坚持在全面阅卷的基础上抓住重点

在坚持对每一份证据材料进行审阅的基础上重点阅读。案卷材料中有部分材料对定案的实际意义不大，大致看看即可，但有的材料非常重要，必须精细阅读。

（二）熟悉各类证据的审查方法，围绕证据“三性”精细审查

法律规定的八种刑事证据种类，各有各的特点和审查规律，需要掌握不同的审查方法，比如针对言词证据，关键在于审查该言词是否属于采取刑讯逼供、威胁、引诱等方法取得，提讯证上记录的提讯次数与在卷笔录次数是否一致等；指纹、血迹等客观性证据，关键看指纹血迹的来源是否清楚、提取的程序是否合法、在保管鉴定等环节有无人为因素导致证据失真的可能等。

（三）要善于综合分析、反思思考，填充细节

在精读过程中，要求细读多思，反复琢磨，反复研究，边分析边评价，务求明白透彻、善于总结提炼，了解于心，以便吸取“案卷”精华。

四、“深读”案卷：发现矛盾

经过对卷宗的仔细审查后，承办法官对案件应当有了一个基本理性的认识和判断，同时应该能够发现案件存在的问题，接下去就是深读了。所谓深读，就是深度阅卷，指带着阅卷审理中发现的矛盾、问题、疑点去检索、解释、突破。根据前述分析，阅卷中发现的疑点矛盾主要集中在被告人身份、破案经过、定案证据、量刑情节等方面，实践中凡是发现这些方面的证据之间存在矛盾、疑点，一定不能轻易

放过，而应深入细致地阅卷，排除疑点、寻求合理解释，或补查补证，进一步补强证据、澄清事实。

五、掩卷沉思：形成判断

裁判结论的获得，理应以法官依内心确信认定的案件事实与裁判规范已形成最佳匹配、达到公正标准为前提。之所以出现分歧，就是因为各种主体之间基于不同的“事实版本”和“法律版本”提供了不同的裁判方案。从裁判的形成机制来看，司法并非逻辑三段论的简单运作，尤其是事实与规范的互动和匹配过程，为不同主体的生活经验、价值判断等因素提供了应用空间。正如法国学者所说：“三段论的大前提和小前提往往不表现为既定的因素，而是需要人们去认真探索、发现的。在探索的过程中，法学家们从事实出发来寻找恰当的规则，然后又回到案件的具体情况中来检验是否一致。在这费时颇久的往返运动中，法学家逐步深化着对大前提和小前提的分析，但不能迷失他最终应证明的一致性。”在这一过程中，裁判者既要反复审查分析事实证据认定的准确性，防止事实认定对客观真相的偏离，又要反复审查分析法律解释的合理性，使发现的“裁判规范”符合当下案件的事实，使事实与规范形成相互对应的“最佳匹配”状态。经过对案卷材料的“通读”“精读”“深读”等一系列活动之后，法官便可掩卷思考，或对案卷材料、证据内容在脑子里像“放电影”那样回顾一遍，就本案事实与规范之间的匹配度、犯罪构成要件的符合性作出法律判断。

第五讲

阅卷笔录的制作

——怎样把疑难复杂案件的案卷变薄

阅卷笔录是指办案人员在阅读案件卷宗过程中，对案件程序相关事实信息、证据材料和法律适用等内容进行摘录、比对、分析所形成的记录。阅卷摘录的过程对于承办法官吃透案情，让复杂疑案的众多案卷“从厚变薄”，提炼案情，为下一步审理报告的制作形成草稿，提高办案质量和效率等均具有十分重要的作用。本讲在前述有关阅卷的功能和任务、形式和种类、技巧和方法等内容基础上，着重就阅卷笔录及其制作方法加以探究。

实践中，案卷少并不意味着案件就简单好办。有的案件案卷多，也并不意味着就复杂难办。

审理报告的内容要兼收并蓄，它比同一审级程序的裁判文书的内容应更加全面、系统、丰富、具体，案件的来龙去脉、过程、情节和问题应当交代得更为清楚明白。

针对案卷特别多的重大复杂疑难案件，制作阅卷笔录的过程，实际上就是把案卷变薄的过程，同时也是审查报告初步形成的过程。

专题一　好记性不如烂笔头
——制作阅卷笔录是吃透案情的重要途径

阅卷，顾名思义，就是案卷的阅读和审查。其中，阅读就像读书一样，要讲究方法。说起读书的方法，仁者见仁，智者见智，尚无定论。但基本上都认为可分为粗读和细读，粗读可以泛泛而过，不必深究，倘若要精读，不仅要眼到、心到，还要手到。毛泽东同志一生博览群书，经常笔不离手，留下了许多珍贵的手迹。他在书上有大量圈画和批注。这些成了后人研究毛泽东的重要文献。俄国著名作家列夫·托尔斯泰生前坚持写笔记。他说："身边要永远带着铅笔和笔记本。读书和谈话时碰到的一切美妙的地方，都把它记下来。"有一次，一位客人来看他，刚谈了几句，托尔斯泰就掏出本子来记。客人奇怪地问："你往本子上记什么啊？"托尔斯泰说："我记的就是你。""我有什么好记的?""什么都能够记，世界上什么东西都是搞笑的。"

阅卷也可以分为通读、精读和深读，特别是精读、深读阶段，尤其需要眼到、心到，还要手到，可谓好记性不如烂笔头。面对一个案卷众多的案子，厚厚的一本又一本的卷宗材料，边阅卷边制作阅卷笔录无疑是法官尽快熟悉案情、记住案情的重要途径。实践证明，在办案过程中，特别是一些命案，证据材料不多，但案情重要，任何一个蛛丝马迹都不能放过，法官在审阅每一份证据中做好摘录工作，对于吃透案情帮助很大。比如，被告人的供述，亲自摘抄一遍，就是不一样，案情很快就能记住，到合议、审委会讨论时就能应对自如；相反，如果没有摘录，记忆就不会很深刻。遗憾的是，随着科学信息技术的发展，电脑逐步普及，一、二审法院之间，检察院与法院之间卷宗信息的互联互通、信息共享做得越来越好，有的审查报告电子版相互共享，办案效率明显提高了，但带来的问题是，承办人对案情往往没有以前那样熟悉，电脑粘来粘去，也容易出错。我们必须注意扬网络技术之长，避网络技术之短，克服其弊端。

•专题二　阅卷笔录的总体要求

一、要反映案件的概况

制作阅卷笔录是承办法官为熟悉案情和理清案情事实以及认定犯罪事实的主要证据、分析案件定性量刑等服务的，是为审理报告的制作奠定基础。虽然阅卷笔录不是法定的文书种类，没有固定的格式，各人各案有各自的风格，但它最终要装入案卷材料，不能杂乱无章或缺头少尾，要有基本的套路和制作规范，能够反映阅卷审查的基本过程和内容。其中很重要的一点就是要能够反映案件的概况。所谓案件的概况，是指案件的基本情况。具体包括反映以下几方面的内容：

（一）要反映案件受理的基本情况

包括收案日期、立案日期、交办日期、一审案号、二审案号、一审承办人、原判刑期、案卷数量、上诉案件移送等情况。

（二）要反映案件被告人、诉讼参与人的基本情况

包括上诉人（原审被告人）的基本情况、前科情况、刑满释放日期、因本案被刑事拘留和逮捕的日期、羁押场所、有无辩护人、辩护人的身份、被害人的身份等基本情况。要在阅卷笔录中注意逐一核实、标记，并注明认定依据和所在页码，防止被告人身份等情况出错。

（三）要反映案件的侦破及抓获经过情况

包括群众报案、公安机关掌握、抓获犯罪嫌疑人的过程和方法是否正常、侦破是否自然、如何抓获犯罪嫌疑人、有无自首立功情节、抓获犯罪嫌疑人后第一次审查时有无交代犯罪事实、有无刑讯逼供的可能等基本情况。要在阅卷笔录中注意逐一核实、标记，并注明破案经过等情况说明所在案卷的页码，便于后面司法工序中的办案人员核实。

（四）要反映案情事实及证据情况

包括每笔犯罪事实及相应的认定依据，犯罪事实的综合证据以及证据证明的主要内容等情况。针对命案等重大刑事案件，还要摘录被告人归案后从侦查阶段到法院开庭各个阶段的历次口供情况，显示口供是否稳定不变，如有变化，每次供述内容细节的不同之处等。

（五）要反映案件的争议情况

包括公诉机关指控的主要内容、原判要点、被告人的申辩、上诉理由和辩护要点，检辩双方针对案件事实和法律适用问题的主要意见等内容。

（六）要反映案件需要说明的情况

包括案件的证据缺陷和不足，赃物和凶器的去向，被害人亲属的反应，当地党委政府、基层组织和群众的反应等需要说明的问题。

二、要有阅卷归纳

阅卷归纳是阅卷法官对案卷阅读审查后进行的总结评判，从而为

下一步审理工作的开展和审理报告的制作打基础。阅卷归纳主要解决以下几方面的问题:

(一)要归纳案件事实证据的审查结论

既要在每笔事实证据的审查之后,评判每份证据的真实性、合法性和关联性,对每笔事实作出审查结论,又要善于从整体上对相关证据的关联性进行组合,逐一表述每组证据,每组证据证明的内容与被告人供述反映的情况之间的印证,从而为审理报告的制作提供草稿。此外,在阅卷笔录的最后还要对全案的事实证据情况标记审查结论,明确案件事实是否清楚、证据是否确实充分。

(二)归纳案件存在的问题以及需要补做的工作

通过阅卷审查之后,对全案事实证据、法律适用、审判程序等方面存在的问题要予以归纳说明,能够补查补证的要与原审法院或原侦查此案的办案机关联系予以核查。案件存在的常见问题包括:(1)事实证据方面的缺陷。比如,杀人凶器的去向,被告人交代丢在河中,但经过公安机关打捞未能捞到。抢劫案件中,被告人劫得被害人手机的去向。这些都需要予以说明,或开展补证工作。(2)法律适用方面的问题。比如,走私犯罪的既未遂、自首、立功等情节的认定,原审合议庭、审委会对案件定性量刑存在的争议,等等。(3)审判程序方面的问题。比如,律师的指派、证据的庭审质证、附带民事诉讼情况、被害人亲属的反应与诉求等情况。

(三)归纳开庭、提审的重点和方法

通过阅卷审查之后,要归纳庭前准备事项、预测庭上可能出现的情况以及应对预案、提讯被告人的提纲要点、提审时的注意事项。针对部分情节内容，还可明确相应的审问方法。

（四）归纳上诉、辩护理由是否成立

通过全案的阅卷审查工作，阅卷人对控辩双方的争议内容以及被告人的上诉、律师辩护理由有了更为全面的把握，最终需要对上诉、辩护理由能否成立作一些分析评判，在阅卷笔录中予以记录，为下一步审理报告的撰写等提供依据。

（五）归纳阅卷看法和阅卷结论

所谓阅卷看法，是指通过阅读全案的证据材料，对本案事实是否清楚、证据是否确实充分、上诉辩护理由是否成立、案件是否存在需要补查补证的内容等事项进行整体评判，对是否交付开庭审判或驳回上诉、维持原判等下一步审理工作提出阅卷意见。所谓阅卷结论，是指在阅卷看法基础上就案件的处理以及下一步的审理工作所作的初步结论。

三、阅卷笔录的字迹要清楚

阅卷笔录不是正式的应用法律文书，主要是承办法官帮助自己熟悉案情、理清事实、把原本繁杂的案卷归纳提炼成内容集中、便于检索的文档文书，但是，阅卷笔录是需要存档的，是合议庭成员、审判长审核签发裁判文书的重要参考资料，也是将来复查案件的重要依据。由于阅卷笔录是需要归档的文书，因此，不仅要求内容完整准确、条理清晰、结构合理，而且要求卷面整齐、字迹清楚。

目前在制作阅卷笔录中有三种基本方法，分别为：手工摘抄、原

件复印、电脑编辑。这三种方法各有利弊。手工抄录的方法好处是通过抄录，能更好地帮助承办法官吃透案情、加深对案件的印象，不足之处在于效率较低且字体因人而异，有的办案人员字迹潦草，不便于阅览。原件复印的好处在于内容翔实准确、速度快，特别是有些关键书证，使用复印的方法可以反映证据的原貌，不足之处在于无法进行文字编辑，且有些卷宗原始字体潦草，复印后仍难以辨认。随着办公现代化的普及，电脑编辑成为常用的方法。电脑编辑的优点在于效率高、字体统一、卷面整齐，便于存档长期保存，但不足之处在于不如手工摘抄容易吃透案情，且电脑粘贴过程中粘来粘去容易出错。从笔者的实践体会来看，最好的方法是手工摘抄、电脑编辑与复印相结合。无论采取何种形式，保持卷面整齐、结构基本完整、字迹清楚都是非常必要的。

附：关于义乌市被告人蒋××诈骗（上诉）一案的阅卷笔录

（2010）浙刑二终字第××号

浙江省金华市中级人民法院审理金华市人民检察院指控被告人蒋××犯诈骗罪一案，于2010年1月15日作出（2009）浙金刑二初字第××号刑事判决。认定被告人蒋××犯诈骗罪，判处无期徒刑，剥夺政治权利终身，并处没收个人全部财产。赃款继续予以追缴，退赔被害人。蒋××不服，提出上诉。

本院收案：2010年2月23日

案卷：××宗。

一、基本情况

上诉人（原审被告人）蒋××，男，1977年6月19日出生于浙江省义乌市，汉族，初中文化，农民，住义乌市××镇××村10组。因犯诈骗罪、敲诈勒索罪于2002年3月29日被义乌市人民法院判处有期徒刑四年六个月，2005年2月15日刑满释放。因本案于2009年3月4日被刑事拘留，同年3月18日被逮捕。现羁押于义乌市看守所。

户籍证明：公安卷2 P14

刑事拘留：公安卷P××

逮捕：公安卷P××

前科情况：公安卷P××

二、一审控辩双方的主要内容（略）

三、犯罪事实和证据（略）

四、案件的侦破及抓获经过（略）

五、阅卷看法和阅卷结论（略）

•专题三　阅卷笔录的制作方法：按犯罪事实细分

一、犯罪次数不多：集中摘录法

实践中，有的刑事案件犯罪次数不多，甚至仅一笔，最为典型主要是一些命案、故意伤害案件。此类案件犯罪事实只有一起，全案证据都是围绕该起犯罪事实是否被告人所为、案件的起因、时间、地点、行凶的部位、刀数、作案凶器的来源和去向、犯罪的后果等案情展开。在审阅此类案件过程中，往往就可以采用集中摘录法。以林某抢劫致人死亡的二审刑事案件为例，就“犯罪事实及认定依据”部分需要摘录的内容包括以下几个方面：

附：被告人林某犯罪事实及证据摘录

1. 被害人亲属的陈述或证言。被害人亲属林某某的证言（公2P××）、林春某的证言（公2P××）、林某信的证言（公2P××），证实发现被害人李陈某死在她的小店里并报警的经过情况。

2. 公安机关现场勘查笔录及相关物证鉴定意见。包括：

（1）公安机关勘验检查笔录（公3P××），证实：现场位于某县某某乡某某村一小店，北侧紧靠林氏祠堂。小店西北墙角有一单扇内开木门，呈虚掩状，门锁和门框上没有发现破坏痕迹。小店内有一立式衣柜，衣柜内抽屉均呈拉开状态，物品呈翻动状态。地面上躺着一具女性尸体，衣着完整，头部及颈部发现有损伤，衣服上有血迹，上衣和裤子口袋均被翻出。尸体下及附近有血迹、血泊，血泊中发现有一把菜刀。现场提取指纹4枚，菜刀一把，围巾一条，尸体指甲内容物2份，尸体心脏心血一份，现场各处血迹均予以提取。

（2）手印鉴定意见（1P××），证实：案发现场提取的四个手印系被告人林某某所留。

（3）扣押物品清单、照片（3P××），证实：公安机关案发后扣押了林某某作案时所穿的牛仔裤与外衣，并予以拍照固定。

3. 法医学尸体检验报告及有关DNA鉴定意见。包括：

（1）法医学尸体检验报告（1P××），记载：被害人李陈某尸体右顶头皮见不规则形挫裂创，裂创周围可触及头皮下血肿，眼睑、鼻背、口唇、下颌颏部、右耳廓皮肤均有条片状瘀血，左面部皮肤表皮剥脱，颈前部见横行裂创，系遭他人锐器割颈致颈部动静脉断裂出血，失血性休克死亡。检验时提取心血、双手十指指甲内可疑残留物。

（2）法庭科学DNA鉴定意见（1P××），记载：所送检的刀柄上提取血迹、现场地面提取血迹、被告人林某某外衣右领口内侧血迹及衣襟内侧血迹均由被害人李陈某所留的可能性为其他无关个体所留可能性的1.55×10^{17}倍。所送检的围巾脱落细胞由林某某父亲所留的可能性为其他无关个体所留可能性的2.12×10^{18}倍。所送检的被害人李陈某左手指甲附着物为多人混合斑迹，可以由李陈某与林某某混合形成。

（3）检查笔录（3P××），证实：公安人员对被告人林某某进行了人身检查，发现其右手背桡侧，右手腕背侧各有一处创疤，右手掌指关节有二处创疤，左手背桡侧有一处创疤，右手掌指关节有二处创疤。

4. 相关物证及辨认笔录。包括：

（1）物证菜刀、围巾，经被告人林某某当庭辨认，确系其作案时使用的凶器及遗留在现场的围巾。

（2）辨认现场笔录（3P××），证实：被告人林某某经辨认确定某县某某乡某某村林氏宗祠右侧的房子是其实施抢劫杀人的地点，某某路191–193号是其丢弃作案时所穿戴的帽子和拖鞋的地点，某某路265号是其销售抢劫所得香烟的地点，某某路100–106号是其购买药物治疗作案时受伤手背的地点。

5. 有关证人证言。包括：

（1）证人林某飞的证言（2P××），证实：2008年3月3日23时30分许，自己听见附近小店里的老太婆叫“干什么！”的声音，接着有东西碰撞的声音，然后听到老太婆“啊”的一声。过了十多分钟自己听到外面有人在说小店里的老太婆被人杀了。

（2）证人林某坚的证言（2P××），证实：自己的儿子林某某案发当天晚上在家中，发现老太婆被人杀死后，还与自己出去看了一会儿。自己正月的时候围过围巾，后来围巾不见了。

（3）证人陈某某的证言（2P××），证实：2008年3月4日左右的一天早上，一个20来岁的男青年来到自己的店里，拿出12包利群和3包新安江香烟卖给自己；辨认笔录（3P××），证实陈某某经辨认确定林某某系卖香烟给她的男子。

6. 赃物估价鉴定等证据。包括：

（1）价格鉴定意见（1P××），证实：涉案香烟的价值。

（2）户籍证明（3P××），证实被告人林某某和被害人李陈某的出生年月等身份情况。

（3）抓获经过（3P××），证实被告人林某某被抓获归案的经过情况。

7. 被告人的供述和辩解。包括被告人林某某在侦查、起诉阶段的历次供述以及在原审法院的当庭供述。

实践中，对上述犯罪次数不多的案件，还可从不同角度衍生出一些阅卷方法：

（一）先供后证阅卷法

所谓先供后证阅卷法，是指先审查阅读被告人的供述和辩解，了解其作案的全部过程，以口供为主线，根据被告人交代的物证、书证等内容，步步推进，去审查其他证据材料，进行对比审查。此种方法在被告人认罪案件中适用较多。

（二）先证后供阅卷法

所谓先证后供阅卷法，是指从审查阅读被害人陈述、证人证言、现场勘查笔录、法医学尸体检验报告等被告人供述和辩解之外的证据材料开始，先审查其他证据，再审查被告人供述和辩解，然后进行对比分析。这种方法往往在被告人翻供或零口供案件、犯罪次数较多、案情复杂的案件中适用。

（三）对照阅卷法

所谓对照阅卷法，是指将不同的证据材料进行纵向或横向比对，从而辨别证据的真伪，对案件事实进行审查分析的一种方法。通过对证据之间的对照比较，能够发现证据的指向、证明的内容是否一致，有关证据链条能否闭合，口供等证据在时间节点上有何变化，变化的原因是什么，等等。

二、犯罪次数多：分别摘录法

犯罪次数较多的案件，可分为一人多次犯一罪、一人多次犯数罪两种情形。针对该两种情形，大概有以下几种阅卷摘录方法：

（一）逐次摘录：顺序阅卷法＋表格法

针对多次犯罪案件，常见的阅卷方法就是按顺序、逐次进行阅卷审查。比如，盗窃、非法吸收公众存款、集资诈骗、走私普通货物等经济犯罪案件，往往次数比较多，采用按顺序逐次摘录比较简便。实践中，有时还要用到表格法，在逐笔审查的基础上，采用列表格的方法将每笔的犯罪事实及证据情况予以罗列，简明扼要地予以摘录。

附：被告人杨某某犯罪事实及证据摘录

被告人杨某某于2006年9月在浙江省某市注册成立浙江某某实业有限责任公司，任公司法定代表人，从事混凝土生产等经营业务。2009年，被告单位某某公司及其主管人员杨某某因借款收购了某袜业有限公司，未从事实际生产经营。二公司自成立及收购后从银行、小额贷款公司及民间大量借款，后因经营不善、银行贷款收紧、民间借贷需支付高息及为他人提供担保等原因而欠下巨额债务。2009年至2013年间，被告单位某某公司及其主管人员杨某某在严重负债的情况下，明知自己无归还能力，仍以公司或个人名义，并以个人为公司借款提供担保或公司为个人借款提供相互担保的方式，以银行转贷、公司资金周转需要等为由，以拆东墙补西墙的形式，以高息为诱饵，先后骗取余某某等58名社会人员提供借款人民币18820余万元，仅以还本付息的方式归还1770余万元，实际骗得人民币17040余万元，用于归还债务、支付高额利息等。其中，第四起犯罪事实及证据摘录如下：

4.2009年12月至2012年5月，被告人杨某某从周某某处骗取借款人民币2833万元，以还本付息方式归还164.98万元，实际骗得人民币2668.02万元。

认定依据：

（1）被害人周某某陈述（侦查3卷第××页），证实：之前杨某某向其购买石子，因30万元石子款未付，在2012年12月30日向其出具了石子款欠条。后先后向其借款15笔，共计2833万元，归还本金1810万元，付息154.98万元，实际损失2668.02万元。其中①2012年3月9日、4月16日其从傅某某处借100万元，杨某某担保，实际是给杨某某借，借来后转给了杨某某；②傅某木的100万元，是其让其姐夫孟某某出借条，实际债务人也是其，是其向傅某木借，傅某木现金给孟某某，孟某某转账给其，实际也是借给杨某某的；③其从傅某刚处借50万元，是银行转账给其，其把钱借给杨某某；④其姐夫孟某某出面从冯某某处借款100万元，实际债务人是其，冯把钱转给孟某某后，孟某某转给了其，其又转给杨某某。四笔钱杨某某均为担保人，以上债务均包含在2833万元其与杨某某债务里。

（2）证人傅某某证言（侦查4卷第××页），证实周某某分两次从其处共借了100万元，实际周某某借给了杨某某，而杨某某在周某某向其借款时也作了担保。周某某也说钱最后是借给杨某某的。傅某某本人与杨某某无直接债务。并由借条、汇款凭证（侦查4卷第××页）印证。

（3）证人傅某木证言（侦查4卷第××页），证实：周某某的姐夫孟某某从其处借100万元，借的时候周某某一起来，后来担保时是杨某某签字，盖了袜业公司的公章，由袜业公司担保。真实债权人是其，债务人是孟某某，周某某说钱后来是借给杨某某的。并由傅某木提供的借条（侦查4卷第××页）印证。

（4）证人冯某某证言（侦查4卷第××页），证实：2012年4月22日孟某某向其借100万元，其通过傅某刚信用社账户转到孟某某账户，孟某某是周某某姐夫，实际是周某某要借这笔钱，周把钱又借给杨某某。并由冯某某提供的借款协议、汇款凭条（侦查4卷第××页）印证。

（5）证人傅某刚证言（侦查4卷第××页），证实：2012年6月26日，周某某向其借款50万元，通过自己信用社账户转到周某某账户30万元，通过其老婆陈某某信用社账户转入周某某账户20万元。后周某某让杨某某签字欧某担保并加盖袜业公司印章，钱名义上是周某某借的，实际上周借去后又借给了杨某某。并由傅某刚提供的借款协议、汇款凭条（侦查4卷第××页）印证。

（6）借条、汇款凭证（侦查3卷第××页）；土地转让协议、保证书（侦查3卷第××页），证实：2012年5月17日袜业有限公司因资金周转所需将位于某某镇某某村土地使用权转让给周某某；保证书，2012年4月30日杨某某因从周某某处借款同意将袜业资产作为抵押，如公司无还款能力，则袜业公司部分房产出让给周某某；石子款欠条

（侦查 3 卷第 ×× 页），证实周某某垫付杨某某石子款 30 万元，吕某某垫付 70 万元，因杨某某无力支付，转为借款 100 万元。

债权转让协议（侦查 3 卷第 ×× 页），证实周某某将杨某某债权转让给他人情况。

核查记录、银行转账记录（侦查 19 卷第 ×× 页）。

（7）被告人杨某某供述：为银行转贷，资金紧张，偿还其他民间借款及利息，2009~2012 年间共向周某某借款 2833 万元，利息 1.5~2.7 分不等，共付息 154.98 万元，偿还本金 10 万元，其余本金未还。

（二）逐罪摘录：归纳整理法 + 重点阅卷法

针对一人多次犯数罪案件，常见的阅卷方法是按罪名逐罪阅卷审查并摘录，在具体的摘录过程中，又需要采用归纳整理法、重点阅卷法等多种方法。所谓逐罪制作，就是按罪名单独制作阅卷笔录，一般是主罪名先摘录，其次次要罪名，围绕每个罪名，对相应的证据进行逐一审查。所谓归纳整理法，就是在逐一审查证据的基础上，对所涉罪名的事实证据情况按一定的逻辑结构进行组合、归纳并形成初步的审查结论。所谓重点阅卷法，是指结合案件争议焦点，对审理中确定的重点材料予以重点阅读和审查的方法。重点阅卷法侧重“看重点材料，兼顾非重点材料，不看无用材料”。其中，重点材料是指与案件争议焦点有关的和对被告人定罪量刑有直接关系的证据材料，以及彼此之间存在矛盾的证据材料；非重点材料是指与被告人定罪量刑关系不大但也应当相应了解的材料；无用材料是指与被告人定罪量刑无关的以及重复的证据材料。[①]

附：关于温州市被告人李XX诈骗、故意毁坏公私财物（上诉）一案的阅卷笔录

（2010）浙刑二终字第 ××× 号

浙江省温州市中级人民法院审理温州市人民检察院指控被告人李××犯诈骗罪、寻衅滋事罪一案，于2010年9月2日作出（2010）浙温刑初字第 ××× 号刑事判决。认定被告人李 ××× 犯诈骗罪，判处无期徒刑，剥夺政治权利终身，并处没收个人全部财产；犯故意毁坏财物罪，判处有期徒刑一年，决定执行无期徒刑，剥夺政治权利终身，并处没收个人全部财产。追缴被告人李 ××× 的一切违法所得。宣判后，被告人李 ××× 不服，提出上诉。本院于2010年9月29日收案。

一、基本情况

上诉人（原审被告人）×××，男，1975年3月19日出生于浙江省温州市，××××。

二、案件的侦破情况

归案经过（2卷P4）

三、控辩双方的主要控辩内容

四、事实和证据

（一）诈骗

① 参见郑亚昕：《刑事案件阅卷的基本方法和常见问题》，载卫彦明主编：《刑事审判实务大讲堂》，人民法院出版社2016年版，第43页。

2008年6月，被告人李××伙同陈×（已判）密谋利用可遥控的赌具赌博骗钱，并商定八二分成。随后，由陈×购得遥控器、线路板及2个可控骰子，并将线路板安装在温州市鹿城区×××大酒店935房间的麻将桌背面。同年6月15日深夜，李××召集被害人胡××及林××等人与陈×在装有线路板的麻将桌上采用掷5个骰子比大小的形式进行赌博。期间，李××暗示陈×用遥控器操控骰子的点数以控制赌局。至次日凌晨，李××、陈×共赢取胡××人民币630万元，经协商后将赌债减为450万元。事后，胡××先后多次通过银行卡转账的方式共付给李××、陈×共450万元，李××分得赃款360万元。

认定依据：（略）

（二）故意毁坏公私财物

2009年6月26日下午5时许，被告人李××为再次向胡××索要赌债而纠集多人，驾车到温州市鹿城区××路胡××经营的食品店内，强行将胡××拉出店外进行殴打，并砸毁店里的戴尔笔记本电脑、联想液晶显示器各1台（总价值人民币4138元），后因食品店员工阻止，李××等人逃离现场。

认定依据：（略）

三、多人多次犯一罪的制作方法

（一）逐人摘录

所谓逐人制作，是指以被告人为主线，对各个被告人所涉的相关

犯罪事实及其证据情况进行分类摘录的方法。针对多被告人且多次犯罪的案件，采用逐人制作，可以比较清楚地显示每个被告人的具体犯罪事实及其证据情况，同时，也可以显示该被告人在共同犯罪中的地位和作用。逐人阅卷制作笔录的形式，除了上述传统笔录方法外，还可以采用按顺序列表的方法进行。如果共同犯罪人数较多，案情复杂，多数见于团伙盗窃、电信网络诈骗，所盗、所骗数额巨大，这样用一人一表的方法就不易出现差错。

（二）逐次摘录

所谓逐次摘录，是指按顺序、逐次进行阅卷审查并予以摘录。这种方法在盗窃、非法吸收公众存款、集资诈骗、走私普通货物等次数较多的经济犯罪案件中比较常见。根据前述，逐次摘录还可以使用按顺序列表等表格法予以展示。

四、多人多次犯数罪的制作方法

（一）逐罪制作

针对多罪名案件，无论是多人多次，还是单人多次犯罪案件，从笔者的审判实践体会来看，按罪名轻重分罪名阅卷摘录往往是最佳选择。这是因为，任何犯罪都有特定的构成要件，相关的事实证据是一个相对独立的整体，是法官围绕犯罪构成要件展开审查分析的对象，按罪名分开阅卷，便于法官掌握相应案情、审查判断相关事实是否清楚、定案依据是否充分。实践中，逐罪阅卷审查，一般按主罪名到次要罪名依次展开，主罪名的摘录要相对详细一些，次罪名的证据摘录则可相对简略一些。但具体到个案中，还要看案情本身的复杂程度、被告人是否认罪、有无异议、争议焦点在何处等因素，次要罪名有时也容易出错，切不可掉以轻心。

（二）逐人制作

在分罪名审查的前提下，针对多人多次犯罪案件，可以被告人为主线，将每个被告人的犯罪事实逐人摘录。尤其在分析每个被告人参与的犯罪事实及证据情况时，这种方法比较有用。比如，实践中，在办理某盗窃案件过程中，该起盗窃笔数比较多，被告人上诉对原判认定的部分盗窃事实提出异议，否认参与其中第2、3、7、9起犯罪事实，这时就需要将该被告人所参与的10起盗窃犯罪事实予以单列，审查每笔犯罪事实的相关证据情况，重点摘录第2、3、7、9起犯罪事实的相应证据，包括同案被告人的指证情况、被告人在侦查阶段的供述、现场有无遗留被告人作案指纹等痕迹、赃物的去向等证据情况，客观、全面地反映被告人所涉犯罪的证据情况，审查分析该被告人的上诉、辩护理由能否成立。

（三）逐次制作

在分罪名审查前提下，针对多人多次犯罪案件，也可以按顺序逐次审查、摘录。尤其在各被告人对其中某几次犯罪提出异议的情况下，逐次摘录相关证据，审查分析该次的事实是否清楚，证据是否确实、充分，相关的上诉、辩护理由是否成立，意义重大。

• 专题四　阅卷笔录的制作方法：按案卷多少细分

一、案卷多情形下的制作方法：逐卷制作

实践中，面对案卷多且疑难复杂的经济犯罪案件，通常存在的疑问是，这么多卷宗，怎么看得过来？如何才能减少重复劳动？对于阅卷法官来说，究竟是看了再摘录，还是边看边摘录？什么情况下需要将卷宗顺序打乱？依笔者体会，针对案卷特别多的案件，往往需要阅卷方法交叉综合加以运用。比如，笔者曾担任审判长审理的丽水银泰集团非法集资案，该案案卷有1000多卷，被害人15000多户，非法集资金额累计55亿余元，因集资诈骗造成损失14.7亿余元，检察机关指控季某某等九被告人分别犯非法吸收公众存款罪、集资诈骗罪。在审理阅卷过程中，该案需要按罪名逐罪审查、按犯罪事实逐次审查、按被告人逐人审查、按案卷逐卷审查等方法，同时，由于该案被告人人数多、犯罪次数特别多，还需要运用表格法、倒序阅卷法、重点阅卷法、全面阅卷法等方法。就逐卷制作而言，逐卷阅卷的优势在于大致掌握每卷的基本内容、犯罪的主要事实、基本案情和证据构成等基本情况。实践中，经济犯罪案件往往有大量的银行汇款往来凭证、对账单、票据复印件、财务账册、手机通话清单、合同等大量书证，而且这些书证往往装订在同一个案卷之中，通过逐卷阅卷审查法，就可以把被告人供述、证人证言等言词证据与书证作了大致的区分，大大

提高阅卷效率。特别是书证，有的书证对于定案意义非常重大，有的对定案作用不大，甚至是无用材料。对这些价值不大或无用的证据材料，只要大致浏览即可，需要时又可返回去，适用重点阅卷法，再作仔细审核。需要说明的是，逐卷制作法在适用过程中，也并非一成不变，一般情况下，主要摘录每卷的证据名称，必要时，则要重点摘抄每份证据的具体内容。也就是说，按序阅卷法与重点阅卷法可相互交叉适用。

二、案卷少情形下的制作方法：逐笔制作

实践中，案卷少并不意味着案件就简单好办。有的案件案卷多，也并不意味着就复杂难办。经济犯罪案件的案卷往往比较多，但法律关系并不一定复杂，比如虚开增值税专用发票案件，虚开一本发票跟虚开一百本发票，在数额上就是累计、在证据上就是简单的重复，唯量大而已。故意杀人、抢劫致人死亡等刑事案件的案卷往往不多，但案情重大，每一份证据都很关键，审查阅卷过程中就必须慎之又慎。针对案卷比较少的案件，最好的方法就是在提纲挈领、整体阅卷的基础上按犯罪事实逐笔审查、对每一份证据进行逐一摘录。

•专题五 阅卷笔录与审查报告的关系——让阅卷笔录成为审查报告的草稿

案件审理报告，是独任审判员或者合议庭在评议案件之后，报送上级审核案件或者审判委员会讨论决定案件的综合性书面材料，是在案件审理完毕之后，对前一阶段诉讼活动、审理过程、案情全貌作出的全面总结，并对案件的事实认定、定性处理提出意见。它既是案件在判处之前报送上级审核、审判委员会讨论决定案件和制作裁判文书的基础，也是日后检查案件质量，总结审判工作经验教训的重要根据。案件审理报告写得是否符合要求，不仅影响合议庭的评议、上级的审核和审判委员会的审议，而且直接影响据以制作的裁判文书的质量。因此，要求审判人员制作审理报告时，要参阅样式规定的项目和内容要素，如实地反映审理阶段的诉讼活动、审理过程和案情全貌，并对事实的认定和定性处理认真提出意见。叙述事实要实事求是，不夸大，不缩小，能认定的事实才予以认定；不能认定的和存在的问题要作出分析说明。所提定性处理的意见，要严格依法办事。援引的法条要准确、完整、具体。审理报告的内容要兼收并蓄，它比同一审级程序的裁判文书的内容应更加全面、系统、丰富、具体，案件的来龙去脉、过程、情节和问题应当交代得更为清楚明白。对合议庭少数人的不同意见，应当一并写明。审理报告，或称审查报告，二者的细微区别在于，审理报告一般指案件经过合议庭开庭审理之后，以合议庭名义制作的汇报材料，而审查报告一般指承办人在对案件进行审查之后以个人名义制作的案件汇报材料。

实践中，鉴于审理报告、审查报告的重要性，如何把审理报告（审查报告）制作好，对于法官来说极为重要。而阅卷过程就是审查过程，阅卷笔录自然就应成为审查报告的草稿和底稿，承办法官在阅卷审查过程中，必须将案件事实证据审查中发现的重要信息和疑点予以及时摘录，目的就在于在审查报告中能够予以反映。针对案卷特别多的重大复杂疑难案件，制作阅卷笔录的过程，实际上就是把案卷变薄的过程，同时也是审查报告初步形成的过程。因此，了解审查报告的制作样式和要求，对于阅卷笔录的制作和阅卷过程的开展亦具有十分重要的指导意义。

附：刑事案件一审审理报告样式

关于被告人×××（案由）一案的审理报告

（　）刑初字第　号

一、控辩双方和其他诉讼参与人的基本情况

公诉机关____人民检察院。

被害人……（写明姓名、性别、出生年月日、民族、出生地、文化程度、职业或者工作单位和职务、住址，与被告人的关系和受害情况等。）

自诉人……（写明姓名、性别、出生年月日、民族、出生地、文化程度、职业或者工作单位和职务、住址等。)

附带民事诉讼原告人……(写明姓名、性别、出生年月日、民族、出生地、文化程度、职业或者工作单位和职务、住址等。)

委托(或者法定、指定)代理人……(写明姓名、性别、职业或者工作单位和职务、住址以及与被代理人的关系等。此项系指被害人、自诉人、附带民事诉讼原告人的委托代理人和未成年当事人的法定代理人或者指定代理人。有此项的,应列在被代理人之后另起一行续写)。

被告人……(首先写明姓名、性别、出生年月日、民族、出生地、文化程度、职业或者工作单位和职务、住址,因本案被拘留、逮捕或者被采取其他强制措施的时间和情况,现羁押处所;其次写明何时、何地、何故受过何种处罚,包括行政拘留、犯罪判刑或者免刑和是否累犯等情况;再次写明被告人的家庭情况。)

辩护人……(写明姓名、工作单位和职务。)

如果被告人和其他诉讼参与人有多人的,应在其相关项目之后增项续写。

二、案件的由来和审理经过

被告人……(写明其姓名和案由)一案,由____人民检察院于____年____月____日以____检____诉〔____〕____号起诉书,向本院提起公诉(自诉案件改为:“自诉人____以被告人____犯____罪一案,于____年____月____日向本院提起控诉”)。

本院审查后,认为符合法定开庭条件,决定开庭审判,依法组成合议庭(独任审判的改为:“依法由审判员____独任审判”),

于____年____月____日公开（或者不公开）开庭审理了本案。____人民检察院检察长（或者检察员）____出庭支持公诉（自诉案件改为："自诉人____"），被害人____及其诉讼代理人____，被告人____及其辩护人____，鉴定人____，翻译人员____等到庭参加诉讼（没有到庭参加诉讼的不写）。现已审理终结。

三、案件的侦破、揭发情况

……（简要写明案件的发生、揭发或者侦查、破获的过程情况，包括时间、地点和方式方法以及涉及的主要人员等。有曲折过程、复杂情况和问题的，应当详细写明。）

四、控辩双方的主要控辩内容

……（写明检察机关或者自诉人对被告人指控的罪名、犯罪事实、犯罪情节、证据、适用法律的意见、诉讼请求事项及其理由和根据。有附带民事诉讼的，应当一并写明原告人所诉的主要内容，包括事实、情节、证据、诉讼请求事项及其理由和根据，等等。）

……（写明被告人及其辩护人对起诉书指控的罪名、犯罪事实和证据、犯罪情节的供认情况，辩解内容、辩护意见和有关证据。被告人的口供有反复的，应当一并写明。自诉案件中被告人提出反诉并已依法受理的，应当同时写明反诉的内容，包括事实、情节、证据、诉讼请求事项及其理由和根据；被反诉人有答辩的，也应一并写明答辩的内容，包括主要意见、理由和证据，等等。对被告人提出的反诉未予受理的，也应简要写明反诉的内容，并具体写明不予受理的理由和法律依据。）

五、审理查明的事实和证据

……（写明经法庭审理查证后所认定的事实和具体证据。犯罪事实应包括作案的时间、地点、动机、目的、实施过程、犯罪情节、危害后果，以及被告人作案后的表现等。证据应是经过庭审查证属实的。证据要具体列举，并用括号注明其系控方举证还是辩方提供、所在的卷宗页次或者出处。对据以认定犯罪事实的有关物证、书证、证人证言、被害人陈述、勘验或者检查笔录、鉴定意见、视听资料、同案人供述和被告人供述、辩解等证据及其与本案的联系，进行分析论证；证据之间有矛盾的，要在控辩双方举证、质证的基础上进行实事求是的分析认证；对不真实或者不能采用的证据和不能认定的事实和情节，应当作出有根据有分析的说明，尤其有争议的事实和证据，更要重点分析论证。）

六、需要说明的问题

……（需要说明的问题，一般属于涉及认定犯罪事实、情节、证据和定罪量刑而又不宜写入裁判文书的事实、理由等部分的问题，以及其他对案件的审判有影响的问题等。根据具体案件的实际情况，有什么需要说明的问题，就写明什么问题。例如，侦查中使用了不正当手段的；审讯中有诱供逼供，有伪证、假证情况或迹象的；被告人或者诉讼参与人的亲属有妨碍侦查、预审、审判活动的非法行为的；程序上有不合法之处的；开庭审理中出现不正常情况的；发现未起诉的漏罪、漏犯的；被告人检举揭发他人的罪行，提供他人犯罪的重要线索的；有较大争论而又难以认定或者否定的事实、情节的；有关方面对本案的意见，等等，都应当把问题的情况和意见如实地写明。案件本身没有什么问题需要说明的，此项就不写。）

七、处理意见和理由

合议庭评议认为……（此项应当写明的内容，实际上就是判决书中的理由和判决两部分内容。要根据法庭核实的证据和查明的事实与情节，依照有关法律、法规和司法解释等规定，运用有关法学理论，首先写明对控辩双方不同的意见及其理由的分析评论，哪些正确应予采纳，哪些不正确不予采纳；其次写明对被告人行为的性质、情节、社会危害性大小，定罪的证据是否充分，能否认定被告人有罪，构成何种罪的分析论述，一案多名被告人的应当分别论述清楚；最后写明被告人是否应当负刑事责任及其责任的大小，有无法定从轻、减轻或者从重情节和其他可以从宽、从严的情节，在法定量刑幅度的基础上应判处什么刑罚，还是应当免予刑事处分，或者应当宣告无罪。有附带民事诉讼的，要一并写明对被告人应否承担赔偿经济损失和赔偿多少的处理意见。提出处理实体问题的具体意见时，应当写明所适用的法律和司法解释规定的具体条款。需要提出司法建议的，应当写明其内容向哪个单位提出建议，等等。）

承办人署名：

年　月　日

（审判长：　　　　合议庭成员：　　　　）

第六讲

几种典型案件的阅卷审查要领

本讲在前述几讲有关阅卷的功能与任务、形式和种类、技巧与方法等一般性论述的基础上，分别从命案、重大毒品犯罪、盗窃犯罪、诈骗类犯罪、涉税类犯罪、职务犯罪等几个方面，从实战角度谈谈几类案件的具体阅卷审查要领，以帮助读者加深对阅卷原理和方法的掌握，增强阅卷原理和方法的应用性。

在刑事诉讼中，命案、毒品犯罪和职务犯罪是各有特点、比较特殊的犯罪类型，这三大类犯罪都有其自身特有的诉讼规律和证据审查要求。

大量的案例显示，诈骗犯罪的行为人具有智能性，职业性，反侦查、反审判能力强等特点，往往通过各种手段或狡辩来模糊司法人员审查的视线，借此证实或表明自己主观上没有非法占有的目的，企图逃避法律追究。

运用推定、转换思路，通过与主观心理密切联系的外在表现即行为人本身实施的一系列外化客观行为来推定其主观故意，审查认定非法占有目的的方法是可取的，符合诈骗犯罪主观目的形成、存续的心理机制。

•专题一 命案的阅卷审查要领

所谓命案，泛指致人死亡的刑事案件，以故意杀人、抢劫致人死亡为典型代表。做好相关案件的阅卷审查，关键在于审查相关案件事实要素是否齐备、有关事实是否清楚、证据是否确实充分。以故意杀人案件为例，在阅卷审查过程中，需要查证的相关事实要素至少包含以下几方面：

一、审查案件线索来源是否清楚，相关证据是否确实、充分

案件特别是命案等重大刑事案件的发案、立案、破案等侦破环节的线索来源是否清楚、正常，相关材料是否完备、是否为原始材料，与案件最终能否认定关系重大。实践中，凡是通过刑讯逼供等非法手段“侦破”的刑事冤错案件，往往在侦破环节就显得破案过程“不自然”，方法不太正常，相关材料不完备。因此，办理命案要尤其注意对案件的线索来源等问题作重点审查。审查的基本范围包括：（1）案件是否存在自首情节，如果存在自首情节，则又具体涉及自己自首、亲属陪同自首、委托他人自首等各种情形，相应的证据情况如何；（2）案件是否存在检举揭发问题，本案是否因检举而案发，相应证据情况如何；（3）案件是谁报案，是目击者报案还是当地群众发现被害人（尸体、尸骨）而报案，相应证据情况如何。具体来说，在审查过程中，

要注意把握以下几点：

（一）注意把握“命案”发案、立案的证据规格

从实践情况来看，侦查机关要证明案发和立案情况，一般应有以下证据材料：（1）《受案登记表》；（2）《接处警登记表》；（3）报案人、检举人、控告人、扭送人、投案人等相关人员的询问笔录；（4）其他机关移送案件线索的材料；（5）证明案件来源的其他材料；（6）《立案决定书》等。

这些证据材料应包括以下几方面的内容：（1）报案人、检举人、控告人、扭送人的姓名、联系方式、报案时间；（2）报案人、检举人、控告人、扭送人与被告人、被害人的相互关系；（3）报案人、检举人、控告人、扭送人发现案件的过程及所知的被告人、被害人信息、作案过程、案发现场情况；（4）接处警方式；（5）决定立案所依据的事实、法律及审批情况。

实践中，承办法官应当注意审查上述证据材料的种类以及证明的相关内容是否清楚，证据是否确实、充分。其中，对于因报案、检举、控告、扭送等原因而案发的，要重点审查报案人、检举人、控告人、扭送人得知案件信息的渠道是否正常，是直接感知还是从他人处通过“转述”获得，其报案所述内容与全案证据反映的情况能否印证。报案人员所述的内容与现场勘查笔录、被告人供述等证据反映的情况存在矛盾或疑点的，还要进一步审查原始现场是否遭受破坏，有无他人进入等情况，报案内容是否真实可信，报案人有无诬告陷害等可能性。目击证人报案而案发的，应注意审查目击证人与被告人、被害人的关系，目击的时间、地点、角度、现场光线等因素，以确定目击证人证

言的真实性。

（二）注意把握“投案”自首情节的证据规格

实践中，因被告人投案自首而案发的故意杀人等命案，除了上述一般证据材料外，还应有以下证据材料：（1）电话录音、短信、微信、电子邮件、书信等反映被告人投案自首的材料；（2）电话记录、来电处理情况等反映公安机关或有关组织接受投案的材料；（3）被委托投案人或陪同投案人的证言；（4）公安机关对投案人员制作的首份讯问笔录；（5）侦查机关出具的归案经过等。实践中，对因被告人投案而案发的案件，审查公安人员制作的首份笔录非常重要，从中可以看出犯罪嫌疑人是否存在投案的故意，事关能否认定为自首。比如，有的案件中，行为人自己跑到当地公安机关是事实，可以说，其客观上有“主动投案”的行为，但在公安人员制作的“笔录”中显示，该被告人向公安人员询问的第一句话是“听我妈说，你们派出所在找我，到底有什么事”，接下来的审讯中也没有在第一时间交代自己所犯罪行，而是在经过公安人员审查后被迫交代犯罪事实，显然这个被告人主动跑到公安机关并非出于“投案”的动机，没有投案自首的故意，因此，其行为不符合自首的本质特征。

（三）注意把握人员失踪等“报案”案件的证据规格

一般而言，因人员失踪报案而案发的刑事案件，除了上述一般性证据材料外，还应有以下证据材料：（1）对人员失踪的受案、立案材料；（2）开展失踪人员信息比对调查材料；（3）失踪人员的社会关系，失踪的时间、地点，失踪前的活动，平时有无异常表现等调查材料。因群众发现尸体而案发的，还要审查报案人员发现尸体的时间、地点、尸体所在现场情况等相关工作记录。

（四）注意把握案件“破案”的证据规格

从实践情况来看，侦查机关要证明破案情况，一般需要入卷的证据材料有以下几方面：（1）破案经过；（2）被告人的归案经过；（3）对被告人人身、物品检查并提取痕迹、物证的记录和录音录像；（4）扣押物品的笔录、录音录像；（5）案发现场电子设备记载的音像信息；（6）目击证人或被害人指认犯罪嫌疑人的笔录；（7）被告人关于归案情况的供述等。而侦查机关制作的“破案经过”或“侦破报告”应当涵盖以下事实要素或信息：（1）案件线索的来源；（2）确定被害人身份的情况；（3）锁定被告人作案所依据的证据和线索；（4）侦破案件的思路、方法、措施、经过、结果；（5）抓获被告人的过程和方法；（6）在侦查阶段有无根据被告人的供述或指认，发现尸体、提取隐蔽性物证等。

实践中，对破案过程和方法的审查，要重点关注证据的调取过程和调取顺序，特别要重视先供后证、先证后供等供证顺序对于审查判断相关证据真实性的重要作用，注意审查口供形成的合法性。一般而言，根据被告人供述提取到隐蔽性物证、起获尸体或者被告人带领指认现场的，证据的可信度就较高。对那些被告人归案时有伤情的，还要注意审查伤情形成的时间、原因，有无录像、照片等视频材料予以固定。

二、审查被害人身份是否清楚，相关证据是否确实、充分

被害人身份是命案审查的重中之重，意味着被告人究竟杀了谁。如果连被害人的身份都不清楚，那就会影响定案。对被害人身份的审查要区分案发时被害人身份明确与案发时被害人身份不明确两种情形。对于案发时被害人身份明确的情形，要进一步审查认定被害人身份应具备的证据，相应的证据是否存在疑点，比如，有无与被害人亲属进行DNA鉴定，比对是否准确，检材来源是否合法、清楚，相关被害人亲属有无证言在卷，等等。对于案发时被害人身份不明确的情形，也要按认定被害人身份应具备的证据规格作出进一步审查，搞清楚目前被害人的状况。具体来说，实践中，审查被害人身份时，应当注意把握以下几点：

（一）注意把握被害人身份的一般证据规格

被害人的身份审查包括对被害人的姓名、年龄、性别等自然情况，被害人的主要社会关系，有无亲属以及亲属的身份是否清楚等内容的审查，以及相关证据是否确实、充分，材料是否合法、完备。从实践情况来看，证明被害人身份，一般要有以下几方面的证据材料：（1）被害人与其直系亲属的DNA鉴定意见；（2）被害人亲属对被害人身份、特征的证言及辨认笔录；（3）被告人关于被害人身份、特征的供述及辨认笔录；（4）证人对被害人身份、特征的证言及辨认笔录；（5）被害人的户籍资料。

（二）注意把握DNA鉴定意见等客观性证据的审查要点

DNA鉴定意见是审查确认被害人身份的重要证据。在审查DNA

鉴定意见等客观性证据时，结合前述分析，要特别注重客观性证据的程序性审查，尤其要注意审查相关检材的提取来源是否清楚，保存、流转是否正常，有关证据是否确实、充分等内容。例如，从被害人直系亲属处提取DNA样本作为检材的，要进一步审查是否有反映提取过程的笔录或录像；从被害人生前日常生活用品提取DNA样本作同一性认定的，是否排除了该生活用品被他人使用或者遗留他人DNA的可能性；对发现的尸块、人体组织，犯罪现场、犯罪工具上提取的生物物证，是否全部进行了DNA鉴定；提取、保存检材的方法是否适当，DNA检材的编号有无重复，相关论证分析意见和鉴定意见之间有无矛盾，等等。审判实践中，因被害人直系亲属无法查找、被害人尸骨无法提取DNA等原因，不能通过DNA鉴定确定被害人身份的，要通过审查被害人亲友对被害人随身物品的证言及辨认笔录、关于被害人身体隐蔽性特征的证言、被害人的DNA和被害人生前随身物品、日常物品上提取的DNA是否认定同一，以及被害人指纹、掌纹、DNA等信息与有关信息库、有关组织留存的指纹、掌纹、DNA等信息是否认定同一等内容加以确认。

（三）注意把握辨认笔录的审查要点

辨认笔录是审查确认被害人身份的又一重要证据。2012年修改后的刑事诉讼法将辨认笔录确定为证据种类，解决了之前辨认笔录到底属于什么证据类别的纷争。在办理命案过程中，在对有关被害人照片、尸体、被害人随身物品等辨认笔录的审查过程中要注意从以下几方面把握：

1. 注意审查辨认过程是否合法

询问前置、辨前回避、告知责任、禁止暗示、混杂辨认是辨认的几个重要规则。[①]实践中，要注意审查辨认相关规则的执行情况，侦查人员有无诱导，是否将物品混杂在符合数量要求的同类物品中进行辨认，有无见证人见证辨认过程。同时，要注意核实见证人的身份，根据《最高人民法院关于适用〈中华人民共和国刑事诉讼法〉的解释》第80条第1款的规定："下列人员不得担任见证人：（一）生理上、精神上有缺陷或者年幼，不具有相应辨别能力或者不能正确表达的人；（二）与案件有利害关系，可能影响案件公正处理的人；（三）行使勘验、检查、搜查、扣押等刑事诉讼职权的监察、公安、司法机关的工作人员或者其聘用的人员。"

2. 注意审查死者随身物品与被害人是否具有专属性的联系、有无针对辨认对象的特征作特别辨认

比如，证人是否对该物品与被害人的专属性、独有性、排他性联系等特征作具体说明，有同一性鉴定条件的有无进行鉴定。对于残缺或者腐败的尸体，被害人亲友仍辨认出死者身份的，要进一步审查有无让辨认人说明尸体的隐蔽性特征，对辨认过程和辨认结果能否作出合理解释，等等。

3. 注意审查辨认对象是否为真人实物、相关物品来源是否清楚

长期以来，实践中，出于诉讼便利主义，照片辨认似乎已成为主导，但照片只是对辨认对象瞬间的固定，未必能百分之百准确体现被

① 参见林晖：《辨认笔录的审查要点》，载《检察日报》2013年5月8日。

辨认对象的真实情况以及特点，事实上“照片辨认”很容易出错，经常会出现照片背景、颜色、取像大小等差异导致辨认错误或者失真等情况，因此在辨认上，我们应当倡导以真人和实物辨认为主。对物品辨认的审查过程中，还要注意审查物品的来源是否清楚，提取是否正常，有无相关证据佐证。比如，案发现场提取被害人随身物品的，是否有反映提取过程的笔录或录像；被害人随身物品案发后被他人捡拾的，是否有捡拾人对物品来源的陈述。

三、审查被告人的身份是否清楚，相关证据是否确实、充分

对于被告人身份的审查，也要区分案发时被告人身份是否明确两种情形。针对案发时被告人身份明确的情形，关键在于把握认定被告人身份应具备的证据规格，对在案证据按相应规格和标准进行逐一审查，以确认被告人的身份是否清楚。针对案发时被告人身份不明确的情形，要搞清楚侦查机关最终有无查清被告人（犯罪嫌疑人）的身份、本案是否按自报身份处理，如果已经查清，则要进一步审查公安机关是如何查清被告人身份的，查证的过程和方法是否自然、正常，相关证据是否确实、充分。此外，对于命案被告人身份的审查还可能涉及共犯身份的查证问题，要搞清楚同案共同犯罪人的身份、同案人员是否在逃、被告人在共同犯罪中的地位作用，是否主犯等情况。

四、审查案件的犯罪事实是否清楚，相关证据是否确实、充分

犯罪事实是整个“命案”案情事实的核心内容，相关案件事实清楚，证据是否确实、充分，务必全部审查清楚。一般情况下，相关的案件事实要素包括：（1）犯罪起因是否清楚，被害人有无过错。（2）犯罪故意内容如何，本案是有预谋的故意杀人犯罪还是无预谋的临时起意作案。（3）是否存在犯罪预备，涉及工具、时间、地点、人员的预谋或准备情况。（4）作案时间是否清楚，案发时犯罪时间是否明确，被告人有无作案时间，被告人有关无作案时间的辩解能否成立，被害人是否在认定的犯罪时间被杀害，法医学尸体检验意见记载的被害人死亡时间与在案证据反映的情况是否相符，等等。（5）作案地点是否明确、清楚，包括认定杀人现场、藏尸现场、分尸现场、毁尸现场、抛尸现场应具备的证据是否确实、充分。（6）犯罪手段是否清楚，犯罪嫌疑人对作案手段有无供述，所供内容与在案的法医学尸体检验意见等客观性证据反映的情况是否相符，被告人是否一直供认不讳。被告人供述不稳定的，还要区分不供认到供认、时供时翻、不供认等情形加以审查分析。在具体的审查过程中，要特别注意把握以下几方面内容：

（一）注意把握死亡结果的审查要点

在命案办理实践中，被害人是否已经死亡这一结果的认定非常重要。对于死亡结果，要重点审查证明被害人死亡的证据是否确实、充分。一般而言，证明被害人死亡的，一般应有以下证据材料：（1）被

害人尸体、头颅，以及足以判定被害人死亡的躯干、尸块等人体组织；（2）被告人关于杀害被害人的供述；（3）证人关于被害人被杀害的证言；（4）能够反映分尸、毁尸、抛尸过程的监控录像、电子数据、现场勘验检查笔录；（5）其他能够反映死亡结果的监控录像、侦查实验结果等证据材料。如果被害人经送医抢救无效死亡的，还要审查是否有被害人的就诊病例、抢救记录、死亡证明以及救护人员的证言。对于未能发现完整尸体，但在案发现场发现了大量被害人血迹，经法医学鉴定，现场失血量巨大，被害人不具有存活可能性的刑事案件，要结合被告人供述、证人证言、侦查实验结果等证据，审慎判断被害人是否已经死亡。对于无尸案件，应审慎判断被害人是否具有存活可能性，证实被害人死亡的间接证据能否形成完整的证据锁链。

（二）注意把握被害人死亡原因的审查要点

死亡原因与犯罪手段的认定有密切的关联。证明死亡原因，一般应有以下证据材料:（1）犯罪嫌疑人关于被害人死亡原因的供述；（2）证人关于被害人死亡原因的证言；（3）关于死亡原因的法医学尸体检验鉴定意见；（4）作案工具、反映作案手段的书证、电子数据；（5）其他能够反映被害人死亡原因的监控录像、现场勘验检查笔录、侦查实验结果等证据材料。这些材料中，对法医学尸体检验鉴定意见的审查，是重中之重。具体应当从尸体或有关人体组织等有无妥善保管，尸体检材的提取是否全面、规范，尸检报告、照片是否全面、客观、详细记载了尸体检验情况，女性尸体易受侵害部位的拭子及指甲内是否遗留被告人的DNA物质，死因鉴定意见与现场勘查笔录、被告人供述的作案手段、打击部位、行凶过程等内容能否相印证等方面加以审查。

（三）注意把握犯罪起因的审查要点

犯罪起因对于认定被害人是否有过错等量刑情节具有重要意义，往往也是审理中控辩双方争议的主要焦点之一。一般情况下，证明犯罪起因的证据材料有以下几方面:（1）被告人关于犯罪起因的供述；（2）被害人关于犯罪起因的陈述；（3）证人关于犯罪起因的证言；（4）能够反映犯罪起因的物品、凭证、法律文书、书信、电子邮件等客观证据。实践中，对于犯罪起因，要重点审查案件的发生起因是否自然正常，是否符合逻辑和经验法则。被告人供述的起因和作案动机与在案其他证据存在矛盾的，还要注意审查被告人的精神状态以及有无隐瞒真实的作案动机。对于犯罪起因不明确或者被告人不供述起因的，要围绕被害人与被害人是否认识、平时关系如何，有无债权债务纠纷、恋爱感情纠纷，是否存在一果多因，作案工具、犯罪的手段、被害人死亡原因等情况能否与特定的作案动机相联系等方面进行综合审查认定。

（四）注意把握作案经过的审查要点

作案经过包括犯罪预谋、实施的时间、地点、手段、是否有杀人的犯罪故意等方面内容。对于预谋杀人案件，要重点审查行为人是否经过精心准备，是否专门准备作案工具、是否踩点、是否专门制造犯罪条件等内容。被告人辩解作案凶器并非事先准备的，还要结合作案凶器的物理特征、行为人的行为习惯、工具来源等生活常识进行审查判断。对于作案时间的审查，要重点审查被告人的供述、证人证言所述的时间能否与在案的车船机票、住宿登记、考勤记录、监控资料等证据材料反映的情况相印证。对于犯罪现场，要重点围绕现场的发现方式是否自然正常，是否由被告人供述并指认找到现场，现场是否为原始现场、有无遭受破坏，被告人所供述的现场环境、地理方位、尸体所在位置等内容与现场勘查笔录反映的情况是否相符等方面展开审查。对于犯罪手段，要重点围绕被告人供述的作案手段与犯罪工具、被害人死亡原因是否一致，以及供述时间与犯罪现场发现时间、物证提取时间、鉴定意见告知时间之间的先后关系，是否存在侦查人员指供、诱供的可能性，能否排除第三人作案的可能性等方面展开审查分析。对于犯罪故意，要着重审查被告人对危害结果的认识因素和意志因素，注意区分是故意还是过失，是直接故意还是间接故意等内容。

五、审查案件的量刑情节是否清楚，相关证据是否确实、充分

主要包括：（1）前科情况是否清楚，前科因为犯何罪被判刑，刑满释放时间为何时。（2）是否构成累犯，尤其要注意审查前科刑满释放的时间。（3）被告人在共同犯罪中的地位作用，是否区分主从犯。（4）是否存在自首、坦白、立功等从轻情节，相关证据是否确实、充分。（5）犯罪嫌疑人是否具有刑事责任能力，是否限制责任能力。（6）与量刑政策密切相关的情节是否清楚，相关证据是否确实充分，比如被害人是否有过错、案件是否由于婚恋或家庭矛盾激化引发、是否属于民间纠纷激化引发案件、是否属于激情杀人等情节，等等。

六、审查案件的关联事实是否清楚，相关证据是否确实、充分

包括犯罪嫌疑人案发前的行为表现、案发后的行为表现，有无抢救被害人的行为、有无积极赔偿等关联事实。

需要指出的是，上述六个方面的事实审查要素并非孤立存在的，而是一个相互依存、密切联系的整体，实践中一定要注意整体审查、综合分析、全面看待。根据上述事实要素，归纳起来，故意杀人案件或其他命案关键在于审查、确认以下三方面的核心事实：一是审查确认是否有证据证明发生了故意杀人的事实；二是审查、确认是否有证据证明该故意杀人犯罪事实是本案犯罪嫌疑人或被告人实施；三是审查、确认证明犯罪嫌疑人或被告人实施故意杀人犯罪行为的证据是否均已查证属实。[①]

① 相关论述、司法文件，参见吕广伦、罗国良等:《〈关于办理死刑案件审查判断证据若干问题的规定〉理解与适用》，载《人民检察》2010年第16期；最高人民法院、最高人民检察院、公安部、国家安全部、司法部于2010年5月发布的《关于办理死刑案件审查判断证据若干问题的规定》，江苏省人民检察院于2018年7月发布的《故意杀人案件证据审查指引》等。

• 专题二 重大毒品犯罪案件的阅卷审查要领

在刑事诉讼中，命案、毒品犯罪和职务犯罪是各有特点、比较特殊的犯罪类型，这三大类犯罪都有其自身特有的诉讼规律和证据审查要求。在办理重大毒品犯罪案件阅卷审查过程中，关键在于把握以下几方面：

一、注意审查被告人的主体身份情况

在案卷中，证明毒品犯罪主体身份情况的证据主要是户籍所在地公安机关出具的户籍证明材料，户籍证明应当附有犯罪嫌疑人免冠照片以及同户家庭成员情况。未附照片的，应当注意审查犯罪嫌疑人亲属或者其他知情人员辨认犯罪嫌疑人或者其照片的笔录。同时，要审查被告人是否构成累犯，案卷中证明构成累犯、毒品再犯的证据材料应当包括前罪的生效裁判文书、释放证明等材料。如果前科犯罪涉及剥夺政治权利，而释放证明中未注明剥夺政治权利是否变动的，必要时应当进一步调取被告人的刑罚执行材料，以证明是否存在减免剥夺政治权利的情形。认定犯罪嫌疑人（被告人）是否系吸毒人员，要有相应的证据证明，如行政处罚决定书、尿检结果、证人证言、看守所出具的证明收押后毒瘾发作的情况说明、戒毒所的证明材料等。

二、注意审查被告人主观上是否具有毒品犯罪故意

判定毒品犯罪主观故意的主要依据，是被告人的供述与辩解、证人证言、书证、电子证据，以及其他有助于判断主观故意的证据。在具体审查认定过程中，注意把握以下几点：

（一）注意把握“贩卖目的”的审查要点

被告人贩卖目的的认定，应当根据被告人实施毒品犯罪的过程、方式、毒品被查获时的情形等，结合被告人前科、吸毒史等进行综合分析判断。购买毒品被查获后，以下情形可以认定为有贩卖目的：（1）被告人供认主观上系以贩卖为目的，经审查供述客观真实的；（2）被告人供认主观上系以贩卖为目的，且得到其他证据印证，后翻供否认，但不能合理说明翻供原因或者其辩解与全案证据相矛盾的；（3）犯罪嫌疑人（被告人）否认主观上系以贩卖为目的，但多名证人、同案犯指证曾向其购买毒品的，指证的事实有其他证据印证、且能排除合谋陷害的。

（二）注意把握“明知”的审查要点

毒品犯罪主观故意中的“明知”是指行为人知道或者应当知道其所贩卖、运输的物品系毒品。根据有关规定，具有一定基础事实，并且被告人不能作出合理解释的，可以认定其“明知”。但是相关基础事实，必须有确实、充分的证据予以证明，并且达到排除合理怀疑的程度。被告人及其辩护人对基础事实有异议的，应当举出相反的证据或者作出合理解释。如有证据表明被告人确属被蒙骗，或者被告人能够作出合理解释的，则不宜认定其“明知”。

从实践情况来看，一般情况下，具有下列事实，并且被告人不能作出合理解释的，可以认定其“明知”：

1. 执法人员在出入境口岸、机场、车站、港口和其他检查站检查时，要求行为人申报为他人携带的物品，并告知其法律责任，而行为人未如实申报，在其所携带的物品内查获毒品的；

2. 以伪报、藏匿、伪装等蒙蔽手段逃避海关、边防等检查，在其携带、运输、邮寄的物品中查获毒品的；

3. 执法人员检查时，有逃跑、弃车逃离、丢弃携带物品或者逃避、抗拒检查等行为，在其丢弃的车辆、携带或丢弃的物品中查获毒品的；

4. 体内藏匿物品，被检查发现系毒品的；

5. 为获取不同寻常的高额或者不等值的报酬而携带、运输物品，从中查获毒品的；

6. 采用高度隐蔽的方式携带运输物品，从中查获毒品的；

7. 采用高度隐蔽的方式交接物品，明显违背合法物品惯常交接方式，从中查获毒品的；

8. 行程路线故意绕开检查站点，在其携带、运输的物品中查获毒品的；

9. 以虚假身份或者地址办理托运手续，在其托运的物品中查获毒品的；

10. 在实际控制的车辆、住所查获毒品的；

11. 专程驾车前往毒品源头地区，返程时在车上查获毒品的；

12. 有其他证据足以认定行为人应当明知的。

三、注意审查毒品犯罪的客观方面

证明毒品犯罪客观方面的主要证据有:(1)物证及照片，包括毒品、毒品的半成品、制毒物品、毒资、盛装毒品的容器或包装物、电子秤等贩毒工具实物及其照片。(2)书证，主要有：证明毒资往来的书证，如银行支付凭证、账户交易明细等；证明毒品运输的书证，如托运单、货单、仓单、邮寄单等；证明涉毒人员行踪的书证，如交通运输凭证(车票、船票、机票)、汽车GPS行车记录、交通卡口记录、住宿登记记录等；证明涉毒人员相互联络的书证，如手机通话记录、短信、微信、QQ聊天记录，以及通话基站信息、用于联络的书信等。(3)报案记录、投案记录、举报记录、控告记录、破案报告、吸毒记录等能说明案件及相关情况的书面材料。(4)毒品、毒资、作案工具及其他涉案物品的扣押清单。(5)相关证人证言，包括海关、边防检查人员、侦查人员的证言以及鉴定人员对鉴定所作的说明。(6)辨认笔录、指认笔录及其照片，包括有关知情人员对犯罪嫌疑人的辨认和犯罪嫌疑人对毒品、毒资等犯罪对象的指认情况。(7)犯罪嫌疑人(被告人)的供述和辩解。(8)毒品鉴定和检验报告，包括毒品鉴定、指纹鉴定、是否吸食毒品的检验报告等。(9)现场勘验、检查笔录及照片、录像、现场制图，包括对现场的勘验及对人身、物品的检查。(10)毒品数量的称量笔录。(11)视听资料，包括录音、录像光盘等。(12)电子数据，包括电子邮件、网络聊天记录等。

在具体证据的审查中，要注意把握以下几点:

（一）要注意把握被告人供述等言词证据的审查要点

在审查过程中，要突出对被告人供述合法性、真实性的审查。合法性方面，要重点审查讯问的地点、时间是否符合法律规定，是否存在连续讯问、疲劳讯问以及刑讯逼供等违法、违规现象。真实性方面，要重点审查被告人供述是否与同案犯或者贩卖毒品的上下家之间的供述相印证，是否与相关客观性证据如银行交易记录、交通通行记录、住宿记录、通信记录等相印证。被告人翻供或供述不稳定的，要结合其他证据仔细判别翻供理由是否合理，甄别供述真伪。对主要依据言词证据认定犯罪事实的，可以按以下原则处理：

1. 被告人的供述与同案其他被告人供述吻合，并且完全排除诱供、逼供、串供等情形的，被告人的供述与同案被告人的供述可以作为定案的根据。

2. 毒品买卖双方，一方交代购买或者出售毒品，另一方始终否认的，一般不能认定犯罪事实。但一方交代的毒品交易的数量、种类、时间、地点等具体情节能够得到其他证据印证，并且完全排除诱供、逼供、串供等情形的，可以认定犯罪事实。

3. 毒品买卖双方一方交代多次贩卖毒品事实，另一方只交代其中部分事实的，一般认定双方交代一致的犯罪事实。

4. 毒品买卖双方一方交代贩卖毒品事实，另一方在多次确认后又否认，但不能合理说明翻供原因或者其辩解与全案证据矛盾的，应当按照多次确认的供述认定犯罪事实。

（二）要注意把握涉案物证、书证的审查要点

在毒品犯罪办理中，侦查机关查扣毒品、毒资、贩毒工具等物证，

应当制作扣押物品清单，详细记录物证的特征、来源、查获过程及见证人等情况，必要时以照片、录像固定。扣押涉案物证的侦查人员不得少于二人，并持有相关法律文书及侦查人员工作证件。对于扣押的物证应当会同在场见证人和被扣押物证的持有人进行查点确认，当场开列扣押物品清单，写明物品的名称、编号、规格、数量、质量、特征及来源，由侦查人员、见证人和持有人签名或者盖章后，分别交给持有人、侦查机关保存，并附卷备查。

在审判阶段，法官要注意审查在案毒品的真实性，重点审查毒品照片是否附卷，照片中的毒品是否和被告人描述的毒品种类、形状、数量相同，防止与其他案件的毒品混杂。对于不是从被告人身上当场查获的毒品，应当结合其他证据如毒品包装上是否有被告人的指纹、生物检材等，以确定毒品的真实来源。同时，要重视书证在定罪体系中的证明作用，特别注重运用通信记录、银行交易记录、交通通行记录、交通卡口照片、住宿记录等书证证明犯罪。

在审查毒品案件过程中发现物证、书证的收集不符合法定程序，可能严重影响司法公正的，应由侦查人员进行补正或者作出合理解释。不能补正或者作出合理解释的，对该证据应当予以排除。

（三）要注意把握勘验、检查、辨认、提取笔录的审查要点

现场提取的物证、书证必须附有现场勘验、检查笔录及扣押清单、照片；被告人人身、住处或其供述、指认的场所发现的物证、书证应当附有搜查笔录及扣押清单、照片。从第三人处提取的物证、书证必须附有提取笔录及扣押清单、照片。在住所、酒店房间等封闭式空间当场查获毒品的，侦查机关还应当对查获现场进行勘验，并制作勘验

笔录。实践中，法官应当注重审查提取毒品的主体是否适格，是否有合适的见证人，提取毒品的程序是否规范，是否有犯罪嫌疑人（被告人）在提取笔录上签字等。对查扣的被告人的手机，要注意审查侦查机关有无收集、提取手机的型号、电子串号、电子数据（短信、图片、微信、QQ 聊天记录等）等信息，有无组织被告人对查扣的手机进行辨认，手机通话清单上的主被叫联系人、漫游区域、通话时间、短信等内容与被告人活动轨迹等信息能否相互印证。

（四）要注意把握鉴定意见的审查要点

实践中，毒品的鉴定应当指派、聘请具有鉴定资格的人进行鉴定。毒品鉴定时，应由二名以上的鉴定人员进行，所有参与鉴定的人员均应当在鉴定意见上签名。鉴定意见应当符合以下要求：（1）鉴定机构和鉴定人应当具有毒品鉴定资质，并将资质复印件加盖公章后附卷；（2）鉴定的毒品和扣押的毒品在包装、形态、特征、性状等的描述上应当一致，描述存在明显差异导致毒品来源存疑的，鉴定机构或者办案机关应当作出合理解释；（3）毒品成分应当按照其化学名称规范表述；（4）应当符合法律、法规、司法解释等相关规定。对可能判处死刑的毒品犯罪案件，还应当作出含量鉴定；对涉案毒品可能大量掺假，或者毒品纯度可能极低，或者系成分复杂的混合毒品的，也应当作出含量鉴定；对于含有两种以上毒品成分的混合型毒品，应当进一步作出成分鉴定，确定所含的主要成分及比例。在审查鉴定意见时，应当注重审查委托鉴定的时间、出具鉴定意见的时间、鉴定机构与鉴定人的资格、鉴定材料是否为送检材料、鉴定对象与鉴定意见是否关联、鉴定方法与鉴定程序是否科学、客观、规范。

（五）要注意把握视听资料和电子数据的审查要点

实践中，侦查机关应当依法及时调取录音、录像及其他技术设备保存的有关毒品案件的信息资料，并制作说明，载明制作人或者持有人，制作或提取的时间、地点，是否为原件，原件的所在地，复制的份数等。与案件有关的录音内容，应当用文字记录附卷。审判人员在审查视听资料及电子数据时，要结合案件其他证据，审查其真实性和关联性。对电子数据应重点审查以下内容：（1）形成时间、地点、对象、制作人、制作过程以及设备情况；（2）收集程序是否合法；（3）内容是否真实，有无剪辑、增加、删改等情况。①

---

① 参见浙江省高级人民法院、浙江省人民检察院、浙江省公安厅于2015年1月5日发布的《重大毒品犯罪案件证据收集审查判断工作指引》（浙检发诉三字〔2015〕1号）。

专题三　盗窃犯罪案件的阅卷审查要领

盗窃犯罪，是一种常见、多发的传统犯罪类型，一般指行为人以非法占有为目的，采取秘密窃取的手段将他人财物占为己有的行为。在盗窃犯罪案件的阅卷审查过程中，应当注意把握以下几点：

一、要立足一般证据规格把握审查要点

包括被告人的主体身份，案件的基本事实是否清楚，案件性质和罪名的认定是否正确，行为人是否有自首、立功、累犯等从重或从轻情节，案件的来源，破案的经过和方法等内容。一般而言，盗窃案件应当具备以下基本证据：（1）证明被害人基本情况的证据；（2）证明被盗财物的性质、特征、价格、购买时间、数额等的证据；（3）证明被盗财物是否为被害人失窃财物的证据；（4）证明盗窃的时间、地点、场所、周边环境、次数、方法、手段、作案工具、赃款赃物处理等客观行为要素的证据；（5）证明盗窃行为系被告人所为的证据；（6）证明被告人自然情况、责任年龄、责任能力、曾受刑事及行政处罚情况等证据；（7）证明被告人犯罪动机、目的、故意等主观要素的证据；（8）证明自首、坦白、立功、退赔等量刑情节的证据；（9）证明被告人到案经过、抓获经过的证据，等等。

二、要立足盗窃犯罪的特点把握审查要点

盗窃犯罪的主要特点首先表现为现场多有明显的破坏痕迹，多表现为撬门、破窗、挖墙等，或撬砸锁柜、抽屉等，在相应的部位都会留下指纹、足迹和工具痕迹。这些现场痕迹证据对于审查认定被告人犯罪事实具有十分重要的作用。其次，盗窃行为人的盗窃方式、手段往往具有反复性、习惯性，并有较为明显的犯罪痕迹留在现场，如钳工、电工等职业使用的工具和手法可能会有不同，这些痕迹往往是认定被告人作案的过硬证据。再次，大宗、流窜盗窃作案前多有多次密切而又详细的踩点活动，如对财物所有人的作息时间、值班人员情况和交接班时间、出入口等进行了解和探视，这些活动容易使盗窃分子暴露罪行，现场及周围群众的证人证言及其辨认笔录成为重要的印证证据。最后，查获的赃款物是重要的物证，其去向问题也是审查的重中之重。

其中，证明盗窃的方法、手段，一般应当有以下证据：（1）犯罪嫌疑人关于窃取财物经过的详细供述；（2）被害人关于财物失窃情况的详细陈述；（3）盗窃过程中有证人的，应当有证人关于盗窃过程的详细证言；（4）具备勘验、检查条件的，应当有案发现场的勘验、检查笔录，现场有指纹、脚印等痕迹的，应当有提取笔录、相应的物证及鉴定意见等证据；（5）使用工具作案的，应当有扣押的作案工具；因客观原因未能扣押的，应有相关证据予以证实；（6）案发现场及周边有监控设施的，应当有依法调取的视听资料、电子数据等证据；（7）能够反映被告人进入盗窃场所的方式，以及藏匿、转移被盗财物的证

据。实践中，要注意审查被告人供述的盗窃方法、手段与勘验、检查笔录反映的现场状况及被害人、证人证明的相关情况是否一致，被告人遗留的足迹、手印等痕迹、使用的作案工具与提取笔录、鉴定意见是否一致，以及被告人供述的盗窃方法、手段是否具有实现的可能等情况。①

三、要立足盗窃犯罪案件的证据特性把握审查要点

此类犯罪案件，在证据特性上主要有以下几个特点：（1）盗窃案件间接证据较多，如现场提取的各种痕迹物证、证人证言、被害人陈述、鉴定结论等，实践中要注重间接证据的审查和判断，确保形成一个完整的证据锁链。（2）盗窃案件物证较多，比如，赃款赃物、作案工具和现场提取的各种痕迹、遗留物等，实践中要注重物证等客观性证据的审查和判断。需要指出的是，“物证有时也会说谎”，实践中，一定要注意审查指纹等客观性证据的来源、形成过程、提取时间与方法、保管固定措施以及鉴定意见等内容的“程序性审查”，确保物证的真实性、合法性和关联性。（3）盗窃案件失主的报案陈述和相关证人证言不可或缺，尤其是失主对被盗财物的种类、特征、数量、用途等有着较为详细的认识和了解，失主陈述有着重要的证据价值，在缺乏

① 参见最高人民检察院于2003年11月发布的《关于印发部分罪案〈审查逮捕证据参考标准（试行）〉的通知》、江苏省人民检察院发布的《盗窃案件证据审查指引》、江苏省高级人民法院于2019年12月发布的《盗窃犯罪案件定案证据审查指引（试行）》等。

失主报案的案件中，尤其要慎重认定。此外，盗窃案件中收购赃物的买赃人等证人证言也非常重要，务必认真对待。

四、要立足“五类盗窃”的特殊性把握审查要点

盗窃犯罪中，有五类案件比较特殊：（1）多次盗窃；（2）入户盗窃；（3）携带凶器盗窃；（4）扒窃；（5）网络盗窃。在实践中，应当注意立足该五类案件的特殊性把握证据审查要点。

（一）要注意把握“多次盗窃”的审查要点

实践中，证明多次盗窃行为，一般应当有以下证据：（1）被告人关于多次窃取财物经过的详细供述；（2）多名被害人关于财物失窃情况的详细陈述；（3）其他能够证明多次盗窃行为的证据。对于上述证据，要重点审查数个盗窃行为之间时间间隔、数个盗窃场所之间空间距离、被告人对数个盗窃行为的主观故意是否具有连续性、多次盗窃是否发生在二年内、多次盗窃行为中某次盗窃行为是否已受过刑事或行政处罚等情况。

（二）要注意把握“入户盗窃”的审查要点

证明入“户”盗窃行为，一般应当有现场勘验、检查笔录、证人证言、被害人陈述、犯罪嫌疑人供述等证据。对于上述证据，要注意审查盗窃场所是否有日常生活用品，是否定期或者不定期有人员在场所内居住、居住人员的构成及关系是否已经查清，是否有门锁、围墙等与外界相对隔离的措施，被告人是否在户外采用“钓鱼”等方法盗窃户内物品，被告人是“在户”盗窃还是入户盗窃等情况。

（三）要注意把握“携带凶器盗窃”的审查要点

对于携带凶器盗窃行为，应当重点审查：（1）被告人盗窃时所携带的器械是否作为凶器使用；（2）携带器械的目的是否为了实施违法犯罪；（3）器械能否被被告人随时支配、使用。证明携带凶器盗窃中的“凶器”，一般应当有物证、鉴定意见、被告人的供述等证据。如果器械属于枪支、爆炸物、管制刀具的，应当重点审查器械是否有鉴定意见。器械属于其他足以危害他人人身安全器械的，要重点审查其来源、特征、危险程度、使用意图、携带方式等。器械属于可能危害他人人身安全的作案工具的，要重点审查被告人的职业、工具本身的危险程度、盗窃行为被发觉后使用工具对人实施暴力、威胁的可能性等。

（四）要注意把握“扒窃”的审查要点

实践中，证明扒窃行为，一般应当有以下证据：（1）被告人关于在公共场所窃取他人随身携带财物经过的详细供述；（2）被害人关于随身财物失窃情况的详细陈述；（3）有条件的还应当有反扒民警的证言、监控录像；（4）有条件的还应当有起获的赃物。对于上述证据，要重点审查盗窃地点是否为医院、商场、公园等对社会不特定公众开放，满足公共社会活动需求的场所或者公交、轮船、地铁等公共交通工具，财物是否与被害人身体有接触，能够为被害人直接支配和控制等情况。

（五）要注意把握“网络盗窃”的审查要点

目前，人类社会已进入信息时代，众多的网民以网络为平台，构成了一个互联网社会，在这个社会里，网民们以虚拟身份出现，通过网络代码方式进行各项活动，这种以代码为基础的交流方式给了不法分子以可乘之机，出现了网络盗窃等新型违法犯罪活动。所谓网络盗窃，是指通过计算机技术，利用盗窃密码、控制账号、修改程序等方式，将有形或无形的财物和货币据为己有的行为。网络盗窃犯罪作为一种常见的网络犯罪，实践中应当注意审查相关证据：

1. 被告人获取被害人账号密码、验证码等信息的证据；

2. 被告人利用获取的信息秘密进入被害人账户取得财物的证据；

3. 被告人所获得的财产具有价值性及价值大小的证据；

4. 被盗财物权属的证据。

其中，对网络盗窃犯罪案件中的电子证据，要重点审查电子证据的收集、提取是否全面、客观、及时，取证主体、程序是否合法，电子证据与待证事实是否具有关联性，电子证据内容是否被伪造或篡改，电子证据之间以及与其他证据之间是否存在矛盾之处等内容。[①]

---

① 参见最高人民检察院于2003年11月发布的《关于印发部分罪案〈审查逮捕证据参考标准（试行）〉的通知》、江苏省人民检察院发布的《盗窃案件证据审查指引》、江苏省高级人民法院于2019年12月发布的《盗窃犯罪案件定案证据审查指引（试行）》等。

专题四　诈骗犯罪案件的阅卷审查要领

诈骗犯罪，是一种常见、多发的犯罪类型，一般指行为人以非法占有为目的，采取虚构事实、隐瞒真相的手段将他人财物占为己有的行为。诈骗犯罪既包括传统的诈骗罪，又包括合同诈骗、金融诈骗、电信网络诈骗等特殊类型犯罪或表现形式，但其都有些共通的规律和特点。在诈骗犯罪案件的阅卷审查过程中，应当注意把握以下几点：

一、要立足诈骗犯罪的一般规律把握审查要点

我国刑法理论通说和实践部门均认为，诈骗犯罪都是以非法占有为主观目的的犯罪。然而，非法占有目的是人的主观上的心理活动，除了被告人本人供认以外（但大多数情况下行为人即使具有“非法占有目的”，也往往辩称自己没有非法占有目的，所以依靠供述来直接认定行为人具有非法占有目的的方法运用场合非常有限），其余场合无法直接运用证据来证明行为人的主观心理活动。大量的案例显示，诈骗犯罪的行为人具有智能性、职业性、反侦查、反审判能力强等特点，往往通过各种手段或狡辩来模糊司法人员审查的视线，借此证实或表明自己主观上没有非法占有的目的，企图逃避法律的追究。随着社会经济生活的日趋复杂多样，各种犯罪手段花样不断翻新，越发增加了司法实践中证明、判定的难度。因此，在办理具体的诈骗案件时，公

安机关、检察机关、法院均面临非法占有目之有无的判定难题，行为人非法占有目的之有无，也往往是控辩双方争论的焦点。有无非法占有目的的判定难，导致了此类案件的改判率、发回重审率长期居高难下。为解决这一难题，理论与实践部门不少人均提出或赞同运用刑事推定的方法对付诈骗犯罪主观目的的司法判定。[①]正如英国著名法学教授克罗斯和琼斯指出，事实的推定“由于它往往是能够证明被告心理状态的唯一手段，因而在刑事司法中起着非常重要的作用。法官应该对陪审团作出这样的指示，即其有权从被告已经实施了违禁行为的事实中，推断出被告是自觉犯罪或具有犯罪意图，如果被告未作任何辩解，推断通常成立”[②]。在金融诈骗犯罪的司法认定中，刑事推定的适用被我国一些学者所提倡，如著名刑法学者陈兴良教授认为，“所有金融

① 所谓推定，是指根据事实之间的常态联系，基于某一确定的事实，而推断另一不明事实的存在。其中，已查明的事实为基础事实，未查明、需要推定的事实为推定事实。推定的一般机理表现为根据基础事实的存在推断推定事实也存在。当推定事实如作为主观内容的非法占有目的无法直接证明或者直接证明的成本过高时，就可以通过证明基础事实的存在而间接证明推定事实的存在。刑事推定的法律实质就在于改变传统或一般意义上用证据直接证明犯罪事实的做法，而采用证据直接证明与待证事实密切相关的事实，从而间接地证明犯罪事实，即当不存在直接证据或者仅凭直接证据不足以证明待证事实时，通过间接事实与待证事实之间的常态联系进行推理，从而得出待证事实为真的结论。通过刑事推定，可以使犯罪构成中某些无法通过证据直接加以证明的要素得以确认，简化了认定事实的环节，可以缓解诉讼证明上的困难，从而切实降低刑事诉讼的社会成本，提高诉讼效率，对于认定和打击犯罪，防止犯罪分子逃脱刑事追究具有重要意义。参见肖中华、张少林:《刑事推定与犯罪认定刍议》，载《法学家》2002年第3期。

② ［英］鲁珀特·克罗斯、菲利普·A.琼斯:《英国刑法导论》，中国人民大学出版社1991年版，第56页。

诈骗罪都可通过客观行为推定行为人的主观目的，从而认定犯罪。”[①] 最高人民法院于 1996 年 12 月颁布的《关于审理诈骗案件具体应用法律的若干问题的解释》[②] 及 2001 年 1 月印发的《全国法院审理金融犯罪案件工作座谈会纪要》（以下简称《纪要》）也全面肯定了刑事推定在金融诈骗罪的非法占有目的司法认定中的运用。笔者认为，运用推定、转换思路，通过与主观心理密切联系的外在表现即行为人本身实施的一系列外化客观行为来推定其主观故意，审查认定非法占有目的的方法是可取的，符合诈骗犯罪主观目的形成、存续的心理机制。

但是，问题在于，推定的一般机理表现为根据基础事实的存在推断推定事实也存在，非法占有目的的存在是一种推定事实，其基础事实应包括哪些内容？这显然是推定赖以进行的前提。如果基础事实都不清楚，其推论势必失真。因而，有必要对基础事实的范围和情形作出进一步研究。就“非法占有目的”的推定而言，基础事实的范围和情形的确定，是推定得以进行的前提和基础。笔者认为，根据非法占有目的形成、存续的心理机制，尽管“非法占有目的”属于行为人的主观心理状态，但它必然通过一系列外化的客观行为表现出来，在判断行为人主观心理态度时，必须以其外化行为要素作为基础事实。对外化行为要素的确定，必须以其实施的活动为基础，应当综合考虑行

---

① 陈兴良：《论金融诈骗罪的主观目的的认定》，载《刑事司法指南》2000 年第 1 辑。

② 该解释已被《最高人民法院关于废止 1980 年 1 月 1 日至 1997 年 6 月 30 日期间发布的部分司法解释性质文件（第九批）的决定》（法释〔2013〕2 号）废止。

为人事前、事中及事后的各种主客观因素进行整体判断，从行为人的诈骗技术过程、各个行为环节着手，综合所有事实，经过周密的论证，排除其他可能，才能得出有无“非法占有目的”的正确结论。据此，如果说明行为人“非法占有目的”的外化行为要素越多、越全面，则推定的准确度自然越高。由此可见，对诈骗犯罪主观目的外化行为要素展开较为系统、全面的探究，不仅是推定得以进行的基础，更是保证推定结论摆脱或然性达致唯一性、真实性的关键，具有十分重要的刑法意义。

二、要立足诈骗犯罪主观目的的外化行为要素把握审查要点

以合同诈骗罪为例，根据合同诈骗犯罪的特点，在诉讼证明和司法认定非法占有目的过程中，须综合考虑、审查分析以下几个外化行为要素:

（一）审查合同主体资格是否真实

合同主体系平等地位的自然人、法人和其他组织。在正常的经济交易活动中，交易主体签订合同，目的是履行合同，达到交易的预期目的，而交易的安全、顺利进行并最终完成势必首先要求交易主体必须真实存在。审判实践中，行为人往往借用单位的介绍信、合同专用章；或者盗窃单位的上述材料；或者在企业承包、租赁经营合同届满后，仍保留原单位的上述有关材料，与被害人签订经济合同，骗取对方当事人财物，以上情况都可以是行为人非法占有目的的一种体现。

（二）审查行为人有无履约能力

履约能力是指合同主体具有按合同约定适当、完全履行合同义务的能力。如果行为人明知自己没有履行合同的能力、只有部分履行能力或者没有提供真实有效的担保，却采取虚构事实、隐瞒真相的手段与他人签订大大超过自己履约能力的合同，骗取他人财物，可视为具有非法占有目的，因为其没有承担风险的能力，从一开始就有风险转嫁意识。值得注意的是，判断行为人有无履约能力，不能简单地看行为人在签约时是否具备履行合同的实际条件。有的情况下，如有确凿的证据证明行为人虽不具备实际条件，但其在履行期限内具有相应的生产经营能力，履约有可靠的保障，同样应认定其具有履约能力。所以，履约能力应当包括现实性和可能性两种情况。但是，这种履约能力的可能性在签约时就有充分的证据证实，不同于虚假的或抽象的可能性，关键在于行为人在签约时必须具备履约能力的充分依据，包括可靠的货源或资金担保，以及与合同交易额相适应的注册资金、生产条件、责任能力等。另外，履约能力的有无与大小，并非一成不变，而是在生产、交易等经济活动中具有动态变化发展的特点，所以对履约能力的判断，须适时、全面地考察。

（三）审查行为人有无采取诈骗的行为手段

非法占有目的是主观心理内容，缺乏可视性和可把握性，须通过具体行为方式及行为的实践效果去判断。手段的非法性是认定主观目的的重要依据。对诈骗犯罪而言，行为人非法占有的目的是与实施了诈骗行为联系在一起的。若行为人没有实施任何虚构事实、隐瞒真相的诈骗行为，即使最终没有履行合同，也不应认定为合同诈骗罪。值得注意的是，合同诈骗罪中的诈骗行为与合同纠纷中的民事欺诈行为，都含有欺骗的成分，有欺骗成分的不一定就构成合同诈骗犯罪，还须进一步区分民事欺诈与刑事欺诈。区别二者，首先要看欺骗的内容，如果一般认为行为人只是在合同标的的数量和质量上欺骗了对方，还只是民事欺诈的话，那么，在合同标的的有无上欺骗了对方，就已超出了经济欺诈的范围。另外，还要看欺诈的程度，即欺诈手段在合同中的作用。在刑事欺诈中，行为人完全虚构事实，隐瞒真相，没有履行合同的诚意和行为，欺诈手段起全面的根本性、决定性作用，而民事欺诈只是在合同履行内容的某些内容或部分事实上采取了欺骗手段，如夸大数量、质量或自己的信誉、履约能力，对合同最终适当、全面履行的影响不是根本性、全面的影响，也即它追求利益的获得是企望通过实际履行实现，属于意思表示有瑕疵的行为，属于一种履约前提下的欺骗。

（四）审查行为人有无履行合同的实际行动

行为人完全有履行能力，但没有履行合同的任何实际行动，显然仍表明其非法占有的目的，所以仅看行为人有无履行能力，还不能说明其主观上是否具有非法占有目的。合同双方签订合同旨在通过履行各自的合同义务，行使合同权利，实现各自的经济目的。合同诈骗犯罪的行为人在签订合同时或在履行合同过程中没有履行或继续履行合同的诚意，目的在于利用合同这一手段骗取对方财物，一般没有履行合同的实际行为或为履行合同作出努力。即使有一些履行合同的行为，那也不过是为了掩人耳目，绝不是诚心诚意地按合同规定完全彻底地履行合同，履行一小部分合同的目的是骗财作掩护。上述实际履约行为不能混同于搪塞应付行为，若以少量的有偿付出而进行更大的无偿攫取，从整体上看并不影响其行为的非履约性和诈骗性。实践中，有一种被称为“拆东墙补西墙”的连环诈骗手法，表面上看似行为人履行了合同，但实质并非履约，而只是在当事人追偿下行为人以后手骗取的财物偿还前手所骗取财物，不具有履约的实质意义。其所实施的履约行为，实际仍是以骗取的财物履行后手的义务，其前手获得财物已侵犯了他人财物的所有权。因此，“拆东墙补西墙”的行为不是一种履约行为，而是一种诈骗行为。

（五）审查行为人没有履行合同的原因

行为人没有履行合同，在合同诈骗犯罪和合同经济纠纷中都会出现，并非客观上没有履行合同，就一定是合同诈骗，还需具体分析其没有履行合同的原因。造成合同没有履行的原因可归结为主客观两方面的原因。在合同纠纷情况下，当事人是由于种种客观原因（如经营决策错误或者由于不可抗力等原因），造成合同不能履行，而合同诈骗，行为人由于本身就具有诈骗财物的故意，是由于其主观原因造成合同没有履行。易言之，要看其主观上是否为履行合同而进行了努力。如果其能履行而不履行，如不及时组织生产、联系货源等，致使到时而不能履行，这便说明其主观上不希望履约。

（六）审查行为人的履行态度是否积极

其实，这一点与行为人不能履行合同的原因紧密相连，作为分析问题的一个角度，有单独提出的必要。合同生效后，如果行为人没有不法占有对方财物的不良企图，都会积极履行自己的义务，若合同最终未履行也只是由于意外、不可抗力或第三人的原因。倘若行为人在合同生效后不作任何努力，能履行而不积极履行，则说明其有诈骗故意。

（七）审查行为人对财物的主要处置形式

不同的心理态度则对合同标的物的处置也必然有所不同。如果行为人将取得的财物不是按合同的约定进行处置，而是隐匿或任意处分，即用于偿还债务、个人挥霍等，或挪作他用，或用于犯罪活动、投机行业，或携款潜逃，拒不归还或无法归还，这些均属于对取舍的主观选择，其非法占有的目的就非常明显。需要指出的是，这里强调财物的主要处置形式，指的是确定全部或大部分资金的流向、用途。换言之，应该看被处置财物所占的比例，而不是看其绝对数额。有的案件，因为合同标的额特别巨大，很小比例的财物数额也会很大，要认定非法占有，要看对全部资金的主要处置形式。

（八）审查行为人的事后态度是否积极

行为人的事后态度，也是区分行为人主观上有无诈骗故意的重要标志。如果行为人因自己的行为导致合同没有履行之后，不是及时通知对方，积极采取补救措施，以减少对方损失，而是无正当理由地表现出种种不愿承担责任的态度，拒不赔偿、返还对方财物，或找各种理由搪塞应付，东躲西藏，避而不见，甚至收受对方财物后逃匿，可认定其具有非法占有目的。相反，如果行为人事后能够积极采取补救措施，用实际行动赔偿对方损失，就不能认定其具有非法占有目的。

三、要立足特殊诈骗犯罪之间的法条交叉竞合关系把握审查要点

应当指出的是，金融诈骗罪与合同诈骗罪之间存在部分法条交叉竞合关系，上述关于合同诈骗罪之非法占有目的的外化行为要素，对与合同诈骗罪存在法条竞合关系的金融诈骗罪来说，同样适用。因为，许多金融诈骗罪是以签订、履行合同的形式进行，犯罪行为的实施发生在合同的签订、履行过程中，所以在犯罪构成上与合同诈骗罪形成法条竞合关系。就保险诈骗罪、贷款诈骗罪而言，二者都是以保险合同、贷款合同的形式进行，而这种以合同为表现形式的诈骗犯罪，在犯罪构成上是完全符合合同诈骗罪的构成条件的，从而形成包容竞合关系。就票据诈骗罪、信用证诈骗罪而言，其通常也与合同的签订、履行有关。我们认为，在存在重合的场合，完全可以参照合同诈骗罪的有关判断要素来审查认定非法占有目的。但是，由于金融业务的复杂性、广泛性、交叉性，刑法在规定金融诈骗罪时，难免会基于不同层次、角度的考虑而规制各种金融诈骗犯罪，从而在刑法规定的各具体金融诈骗罪的法条之间只存在部分交叉、重合关系，这就要求我们结合金融诈骗行为特点对金融诈骗罪的非法占有目的外化行为要素进行单独研究总结。其中，关于集资诈骗罪的非法占有目的，《最高人民法院关于审理非法集资刑事案件具体应用法律若干问题的解释》（2022 年修正）第 7 条第 2 款做相关规定：“使用诈骗方法非法集资，具有下列情形之一的，可以认定为‘以非法占有为目’：（一）集资后不用于生产经营活动或者用于生产经营活动与筹集资金规模明显

不成比例，致使集资款不能返还的；（二）肆意挥霍集资款，致使集资款不能返还的；（三）携带集资款逃匿的；（四）将集资款用于违法犯罪活动的；（五）抽逃、转移资金、隐匿财产，逃避返还资金的；（六）隐匿、销毁账目，或者搞假破产、假倒闭，逃避返还资金的；（七）拒不交代资金去向，逃避返还资金的；（八）其他可以认定非法占有目的的情形。"《纪要》第二章第三节第1条中作出如下规定："根据司法实践，对于行为人通过诈骗的方法非法获取资金，造成数额较大资金不能归还，并具有下列情形之一的，可以认定为具有非法占有的目的：（1）明知没有归还能力而大量骗取资金的；（2）非法获取资金后逃跑的；（3）肆意挥霍骗取资金的；（4）使用骗取的资金进行违法犯罪活动的；（5）抽逃、转移资金、隐匿财产，以逃避返还资金的；（6）隐匿、销毁账目，或者搞假破产、假倒闭，以逃避返还资金的；（7）其他非法占有资金、拒不返还的行为。"以上《最高人民法院关于审理非法集资刑事案件具体应用法律若干问题的解释》（2022年修正）和《纪要》明确了认定金融诈骗罪非法占有目的总的要素，为实践中认定非法占有目的提供了操作依据。

四、要立足电信网络诈骗犯罪的证据特性把握审查要点

所谓电信网络诈骗犯罪，是指犯罪分子以电信通讯、互联网络等技术手段为传播方式或媒介，对被害人发布虚假信息或设置骗局，诱使被害人给付钱财或网络转账而遭受损失的犯罪行为。2022年9月2日，十三届全国人大常委会表决通过的《反电信网络诈骗法》坚持

以人民为中心，统筹发展和安全，立足各环节、全链条防范治理电信网络诈骗，精准发力，为反电信网络诈骗工作提供了有力法律支撑。2016年12月19日、2021年6月17日最高人民法院、最高人民检察院、公安部先后印发了《关于办理电信网络诈骗等刑事案件适用法律若干问题的意见》《关于办理电信网络诈骗等刑事案件适用法律若干问题的意见（二）》，为司法实务提供了明确的操作指引。实践中，应当充分关注此类案件的特殊性，多总结提炼电信网络诈骗案件的证据审查判断规律，并注意把握以下几点：

（一）注意把握电信网络诈骗犯罪主体身份的审查要点

从实践情况来看，审查电信网络诈骗犯罪被告人身份情况的证据除了审查身份证、户籍证明等材料外，还要注意审查侦查机关有无调取被告人的虚拟身份信息，包括网络注册身份认证信息、网络社区登录密码等，以及被告人网络身份与现实身份是否能够认定同一。其中，被告人网络身份与现实身份的同一性问题，可通过核查相关IP地址、网络活动记录、上网终端归属、相关证人证言以及被告人供述和辩解等来进行综合判断，确保身份清楚。

（二）注意把握电信网络诈骗犯罪主观方面的审查要点

诈骗犯罪主观故意的审查是任何形式诈骗案件的审查都要遇到的重要问题，而电信网络诈骗有其特点，有必要单独再讲一下。实践中，认定电信网络诈骗犯罪主观故意的主要证据是书证、电子证据、证人证言、被告人的供述和辩解，以及其他有助于判断主观故意的材料。

根据《最高人民法院、最高人民检察院、公安部关于办理电信网络诈骗等刑事案件适用法律若干问题的意见（二）》第11条的规定，明知是电信网络诈骗犯罪所得及其产生的收益，而多次使用或者使用多个非本人身份证明开设的收款码、网络支付接口等方式，帮助他人转账、套现、取现，符合《刑法》第312条第1款规定的，以掩饰、隐瞒犯罪所得、犯罪所得收益罪追究刑事责任，但有证据证明确定不知道的除外。根据刑法理论，电信网络诈骗犯罪主观故意中的“明知”是指行为人知道或应当知道其实施的行为系诈骗犯罪。实践中，一般情况下，具有下列身份或行为已被查证属实，且犯罪嫌疑人、被告人不能作出合理解释，可以认定其主观故意为“明知”，但确有证据证明犯罪嫌疑人、被告人不知道其行为系诈骗的除外：（1）行为人系诈骗团伙发起股东、业务主管或小组长的；（2）行为人系诈骗软件、网站、支付链接的研发、销售提供者、技术支持者或维护者，诈骗话术剧本编写者或诈骗技能培训者；（3）行为人具有电信网络诈骗前科劣迹的；（4）拨打电话时冒充国家工作人员、企事业单位人员等非真实身份的；（5）将电话号码使用改号软件进行更改后拨打电话的；（6）现场查扣到伪基站、改号软件等诈骗设备或工具，或查扣到超过正常数量的非本人名下通讯工具、手机卡或资金支付结算账户、银行卡的；（7）在行为人实际控制的车辆、住所或随身查获正在发送诈骗信息的伪基站、猫池、电脑、手机等电子设备的；（8）仅从事拨打电话、发送短信或发布虚假广告等行为而获取不同寻常的高额或者不等值报酬的；（9）行为人知晓所在公司因诈骗客户被处罚或有同类从业者因诈骗被刑罚而导致公司更名后继续经营相同业务，仍在该公司工作的；（10）从事诈骗营销推广、销售或善后业务，入职工作时间在两个月以上的；（11）多次参加交流诈骗经营模式、引诱增加被骗客户、赃款赃物洗钱、处理投诉、善后安抚被害人的业务会议、培训的；（12）公安机关抓捕时试图毁坏电脑、U盘等存储介质，或试图进行格式化等删除操作，在存储介质中提取到话术剧本、交易信息、资金往来、客户信息、财务报表等电子数据的，等等。需要注意的是，审查认定诈骗团伙的普通成员主观明知是诈骗行为的，还应当结合书证（包括但不限于业绩单、话术剧本、培训记录、座谈会记录、工作日记）、电子数据（包括但不限于短信记录、网络聊天记录）、证人证言，同案犯的指认及犯罪嫌疑人、被告人供述等证据综合认定。证明诈骗团伙成员是“明知他人实施电信网络诈骗犯罪”而提供帮助的，还应当结合犯罪嫌疑人、被告人的认知能力，既往经历，行为次数和手段，与电信网络诈骗犯罪实施者之间的关系，获利情况，是否曾因电信网络诈骗受过处罚，是否故意规避调查等主客观因素进行综合分析认定。

（三）注意把握电信网络诈骗犯罪客观方面的审查要点

根据《最高人民法院、最高人民检察院、公安部关于办理电信网络诈骗等刑事案件适用法律若干问题的意见（二）》第8条的规定，认定《刑法》第287条之二规定的行为人明知他人利用信息网络实施犯罪，应当根据行为人收购、出售、出租前述第7条规定的信用卡、银行账户、非银行支付账户、具有支付结算功能的互联网账号密码、网络支付接口、网上银行数字证书，或者他人手机卡、信用卡、流量卡、物联网卡等的次数、张数、个数，并结合行为人的认知能力、既往经历、交易对象、与实施信息网络犯罪的行为人的关系、提供技术支持或者帮助的时间和方式、获利情况以及行为人的供述等主客观因素，予以综合认定。因此，客观方面的审查是判定电信网络诈骗犯罪的关键。实践中，证明电信网络诈骗犯罪客观方面的主要证据有：（1）物证及照片，包括电脑、服务器、伪基站设备、改号软件设备、手机、座机等实物及照片。（2）书证，包括有关诈骗团伙发起成立的公司注册登记材料、公司章程、营业执照、合伙协议、股东名册等书证；有关诈骗行为实施的诈骗话术剧本、招募他人实施电信网络诈骗犯罪活动的材料，会议记录、虚假广告信息、手机通话记录、短信记录、微信、QQ 等聊天记录，以及术语清单、托运单、仓单、货单、邮寄单等书证；有关网络运营的网站服务器运营协议、租赁网络经营许可证协议、网信部门出具的关于 IP 地址说明、云服务器分布点的证明材料等书证；有关诈骗赃款资金往来的银行支付凭证、网络转账记录、账户交易明细、现金收支凭证等书证；有关诈骗赃款分成的考勤表、工资表、业绩单等书证。（3）报案记录、投诉记录、投案记录、破案报告等能证明案情及相关情况的书面材料。（4）涉案银行卡、资金支付结算账户、诈骗设备工具及其他涉案物品的扣押清单。（5）证人证言，包括侦查人员的证言及技术专家对电信网络信息等专业性问题所作的情况说明。（6）被害人陈述。（7）被告人的供述和辩解。（8）有关被告人之间的辨认和被告人对涉案账户、诈骗设备工具等的辨认笔录、指认笔录及其照片。（9）现场勘验、检查笔录及照片、录像、现场制图，包括对远程勘验及对人身、物品的检查笔录。（10）视听资料，包括监控视频，录音、录像光盘等。（11）电子数据，包括“木马”程序、“钓鱼软件”、电子邮件、网络聊天记录、手机数据、电子签名等。法官在阅卷审查过程中，要重点加强对物证、书证、电子数据等客观性证据的审查、判断、运用，经审理，确认或不能排除存在非法取证情形的，对有关非法证据要依法予以排除。

（四）注意把握电信网络诈骗案件中电子数据的审查要点

电子数据是电信网络诈骗犯罪刑事案件证据的主要形式，也是此类案件的一大特点。在侦查过程中，收集、提取、保存电子数据，应当由两名以上具备相关专业知识的侦查人员依照相关技术标准进行提取，并制作提取笔录、清单。提取笔录、清单应当注明电子数据的名称、类别、文件格式，并由侦查人员、数据持有人签名或盖章。数据持有人无法签名或者拒绝签名的，应当在笔录中注明，由见证人签名或者盖章。没有符合条件的人员担任见证人的，应当在笔录中注明，并对相关活动进行录像。对原始存储介质进行电子数据检查时，应当对原始存储介质拆封过程进行录像，并通过保护设备接入检查设备，制作电子数据备份，同时计算电子数据的完整性校验值。侦查人员应当及时对被扣押的手机、电脑及其他技术设备等存储介质提取与案件有关的电子数据，包括短信、图片、微信、QQ 聊天记录、通话记录，支付宝、财付通、网银等交易记录网站页面、IP 地址、MAC 地址、上网记录、电子邮件、电子账册等数据。对案件定罪量刑起关键作用的录音包等录音内容，应当转化为一定的媒介储存在案。此外，根据《最高人民法院、最高人民检察院、公安部关于办理电信网络诈骗等刑事案件适用法律若干问题的意见（二）》第 13 条的规定，办案地公安机关可以通过公安机关信息化系统调取异地公安机关依法制作、收集的刑事案件受案登记表、立案决定书、被害人陈述等证据材料。调取时不得少于两名侦查人员，并应记载调取的时间、使用的信息化系统名称等相关信息，调取人签名并加盖办案地公安机关印章。经审核能够证明案件事实的，可以作为证据使用。审判工作人员在审查电子数据时，应当结合案件其他证据，按照《最高人民法院、最高人民检察院、公安部关于办理刑事案件收集提取和审查判断电子数据若干问题的规定》第22至24条规定的方式审查电子数据的真实性、完整性和合法性。电子数据收集、提取程序存在瑕疵，经补正或者作出合理解释的，可以采用；不能补正或者作出合理解释的，不得作为定案的依据。经审查确认电子数据有增加、删除、修改等情形，不能确定电子数据真实性，或电子数据系篡改、伪造，无法确定真伪的，不得作为定案的依据。[①]

① 参见浙江省公安厅、浙江省人民检察院、浙江省高级人民法院于2018年9月14日联合出台的《电信网络诈骗犯罪案件证据收集审查判断工作指引》(浙检发诉三字〔2018〕6号)。

• 专题五　涉税犯罪案件的阅卷审查要领

涉税犯罪主要是指危害税收征管罪，包括逃税罪（《刑法》第 201 条）、抗税罪（《刑法》第 202 条）、逃避追缴欠税罪（《刑法》第 203 条）、骗取出口退税罪（《刑法》第 204 条第 1 款）、虚开增值税专用发票、用于骗取出口退税、抵押税款发票罪（《刑法》第 205 条）、虚开发票罪（《刑法》第 205 条之一）等罪名，也可包括走私普通货物罪等部分走私犯罪。从近年来全国各地查处和审判的案件以及媒体报道情况来看，当前涉税犯罪尤其是虚开增值税专用发票犯罪主要有以下几个特点：一是行业分布较为广泛，重点行业、重点领域相对集中。其中在纺织服装、石油化工、物流运输等行业的应用尤为突出。二是案件涉及面广，且犯罪金额越来越大。追逐巨额经济利益成为此类虚开增值税专用发票犯罪所具有的普遍特点。三是以“真票虚开”为主要犯罪形式。四是犯罪手法更加隐蔽狡猾，查办难度越来越大。

在办理涉税犯罪案件阅卷审查过程中，一般应注意以下几点：

一、注意审查涉税犯罪的主体身份，区分单位犯罪还是自然人犯罪

涉税犯罪为一般主体，既可以是自然人个人犯罪，也可以是单位犯罪。但是，刑法对有关单位犯罪和自然人个人犯罪规定了不同的定

罪量刑标准，处罚不同。《最高人民法院关于审理单位犯罪案件具体应用法律有关问题的解释》第2条规定：“个人为进行违法犯罪活动而设立的公司、企业、事业单位实施犯罪的，或者公司、企业、事业单位设立后，以实施犯罪为主要活动的，不以单位犯罪论处。”第3条规定：“盗用单位名义实施犯罪，违法所得由实施犯罪的个人私分的，依照刑法有关自然人犯罪的规定定罪处罚。”据此，在立法承认单位具有犯罪主体资格的前提下，为了阻止单位犯罪主体资格的滥用以及实现刑法正义，司法审判机关可视案情对某些虽具有单位的形式，但实质上缺乏或丧失刑事责任能力的单位作为犯罪主体资格予以否认，直接追究单位背后自然人或其他单位刑事责任。实践中，单位犯罪主体资格的否认不限于上述司法解释中已经明确的两种情形。因此，区分单位犯罪和个人犯罪，意义重大。在虚开增值税专用发票案件中，犯罪分子为掩盖其犯罪行为，千方百计以合法经营者的身份出现，智能化程度较高，手段比较隐蔽。有些皮包公司以虚开发票为生财之道，通过空头注册、虚假出资方式骗取一般纳税人资格领购发票，专做发票生意，大肆虚开增值税专用发票，实践中，务必注意从实质审查角度，确认有关公司是否具有刑法意义上的单位犯罪主体资格。

二、注意审查涉税犯罪的客观行为表现，准确界定行为属性

以虚开增值税专用发票为例，虚开增值税专用发票在客观方面表现为没有货物销售而开具增值税专用发票，或者有货物销售但开具内容不实的增值税专用发票的行为。虚开增值税专用发票的行为可分为

三种情形：

1. 没有货物购销而为他人、为自己、让他人为自己、介绍他人开具增值税专用发票。

2. 有货物购销，但为他人、为自己、让他人为自己、介绍他人开具数量或者金额不实的增值税专用发票。如杜某某虚开增值税专用发票案，犯罪嫌疑人提前将受票单位营业执照、税务登记证等交给实际购货方，实际购货方发生真实货物交易后，按票面价税金额4.7%的价格将增值税专用发票卖给杜某某等人，杜某某等人再将发票转卖给受票单位，从中获取差价。

3. 进行了实际经营活动，但让他人为自己代开增值税专用发票。在涉税犯罪案件的阅卷审查中，一定要注意书证的审查，搞清楚涉案行为的性质，依法归属于何种行为表现。

三、注意审查偷逃国家税收的事实是否清楚，确认犯罪行为给国家税收造成的损失情况

涉税犯罪案件的阅卷审查过程中，要着重审查行为人偷逃国家税收的事实是否清楚，相关行为的社会危害性究竟体现在什么地方。以虚开增值税专用发票罪为例，从虚开增值税专用发票危害的本质特征来分析，本罪的构成必须要求行为人主观上具有偷骗税的目的。严重的社会危害性是犯罪的本质特征，行为人主观上是否具有偷骗税的故意、客观上有无使用虚开的发票抵扣税款从而给国家税收造成损失，应当成为判定犯罪行为社会危害程度的具体标准。实践中，对于那种

不以骗逃税收为目的、没有给国家税收造成损失、纯粹出于虚增业绩等动机的“虚进虚出”行为，就难以认定为虚开增值税专用发票犯罪行为。

四、注意审查案件的定性及相关罪名是否正确

涉税犯罪有时具有损害国家来满足小集体或个人利益的情况，为达此目的，涉案人员往往以“小金库”的形式存入资金，尔后再拉拢、收买税务人员，个体经营者往往与税收管理人员串通，内外勾结，共同作案，相互包庇，给侦查破案增加层层困难。也因此，涉税犯罪常常与其他经济犯罪（如贪污、贿赂犯罪）相互交错，实践中应当注意审查、区分。

专题六 职务犯罪案件的阅卷审查要领

依法积极稳妥地审理好每一起贪污贿赂、渎职犯罪等职务案件，推动反腐败斗争深入开展是人民法院的重要职责。鉴于1997年刑法对贪污受贿犯罪定罪量刑规定单一的具体数额标准的种种弊端，如难以全面适时地反映案件的社会危害程度，不能充分贯彻罪责刑相适应原则等，根据各方面的意见和建议，2015年11月施行的《刑法修正案（九）》对此作出了合理调整，取消了贪污罪、受贿罪单一依据具体数额的定罪量刑模式，修改为“概括数额＋情节”的定罪量刑模式，原则规定“数额较大或者情节较重”“数额巨大或者情节严重”“数额特别巨大或者情节特别严重”三种犯罪类型，相应配置三档法定刑；并规定数额特别巨大且使国家和人民利益遭受特别重大损失的，处无期徒刑或者死刑。《刑法修正案（九）》颁布后，上述刑法修订也就亟待出台新的司法解释。对此，最高人民法院、最高人民检察院根据全国人大常委会授权，在充分论证经济社会发展变化和案件实际情况的基础上，同时考虑“把纪律挺在前面”的反腐败政策要求，于2016年4月18日联合发布了《关于办理贪污贿赂刑事案件适用法律问题的解释》（以下简称《贪污解释》），对有关贪污贿赂罪的定罪量刑标准作出明确、具体的规定。《贪污解释》对贪污、受贿、行贿、挪用公款等犯罪的定罪标准、刑罚适用等问题作出详尽规定，对于指导地方各级司法机关办案，统一法律适用标准，解决实务难题具有重要意义。

在职务犯罪案件的阅卷审查过程中，应当注意把握以下几点：

一、注意审查职务犯罪的主体要件

职务犯罪的主体要求为国家工作人员。根据《刑法》第93条规定："本法所称国家工作人员，是指国家机关中从事公务的人员。国有公司、企业、事业单位、人民团体中从事公务的人员和国家机关、国有公司、企业、事业单位委派到非国有公司、企业、事业单位、社会团体从事公务的人员，以及其他依照法律从事公务的人员，以国家工作人员论。"其中，关于"从事公务"的理解存在难度。一般认为，从事公务是国家工作人员的本质特征，是指对公共事务的管理活动，即从事组织、领导、监督、管理等职务行为以及其他办理国家事务的行为。"公务"的特征表现为管理性、国家代表性、职务性、合法性等特点。那些不具备职权内容的劳务活动、技术服务工作，如售货员、售票员等所从事的工作，一般不认为是公务。需要指出的是，实践中审查确认行为人的主体要件时，应当注意审查被告人的身份职责及其干部履历表、任免文件等相关书证。重点要从以下几方面加以把握：

（一）要注意把握"在国家机关或国有公司、企业、事业单位、人民团体从事公务"的审查要点

实践中，首先要注意审查被告人所在单位的性质是否为国家机关或国有公司、企业、事业单位、人民团体，是否有国有公司、企业事业单位、人民团体的法人证书或组织机构代码证，国有公司、

企业的工商营业执照和工商注册档案等书证在卷。其次，要注意审查被告人是否具有国家工作人员身份，具体看是否有干部登记表，职工登记表，聘书，聘用合同，干部履历表，任免、批准文件等书证。其三，要注意审查是否有证明行为人职责的书证，如岗位责任制度、工作制度、相关会议纪要、工作分工文件等，以及是否有人事主管部门出具的有关被告人身份、任职时间、职责的说明等材料。同时，还要注意审查被告人的供述和辩解、相关证人证言与上述书证能否相互印证。

（二）要注意把握“受委派从事公务”的审查要点

实践中，要注意审查委派单位国有公司、企业事业单位、人民团体的法人证书或组织机构代码证，国有公司、企业的工商营业执照和工商注册档案等，以及受委派单位非国有公司、企业的工商营业执照、工商注册档案，非国有事业单位、社会团体登记证书及登记档案等证据。围绕委派单位和受委派单位之间的关系问题，要进一步审查委派单位与受委派单位之间是否存在合作、合资关系，有无证明委派单位与受委派单位之间存在人事、业务、财产管理关系的相关文件。围绕行为人是否具有国家工作人员身份问题，要注意审查行为人所在单位提供的干部登记表、职工登记表、聘书、聘用合同履历表、任免文件等书证。围绕委派事实问题，要注意审查委派单位出具的相关会议记录、委派决定文件、委任书等证明委派性质的证据；受委派单位出具的关于被告人在受委派单位的职务、职责的有关书证及相应说明材料是否确实、充分。上述书证反映的情况与被告人的供述、相关证人证言等言词证据能否相互印证。

（三）要注意把握“其他依照法律从事公务的人员”的审查要点

实践中，重点需审查证明被告人本职所在单位性质、依照法律从事公务所在单位性质的证据，被告人本职所在单位提供的证明被告人本职身份、职责的书证，被告人依法从事公务所在单位提供的证明被告人依法从事公务的身份、职责的书证，以及相应说明材料等证据反映的情况与被告人的供述、相关证人证言等能否相互印证。

（四）要注意把握“受委托管理、经营国有财产的人员”的审查要点

实践中，要注意审查委托单位是否属于国家机关、国有公司、企业、事业单位、人民团体，是否存在因承包、租赁、临时聘用而管理、经营国有财产等证明“委托经营、管理”事实的合同、协议、聘书等书证以及委托单位出具的有关管理、经营国有财产持续时间、权限范围等内容的说明材料，以及有关书证与被告人的供述、相关证人证言等证据能否相互印证。[①]

二、注意审查职务犯罪的客观方面

1. 贪污罪、受贿罪等职务犯罪的客观方面，首先表现为受贿、贪污的事实是否发生，侦查机关、起诉机关审查认定的受贿、贪污等事实是否清楚，证据是否确实、充分。以受贿罪为例，行为人客观上有

---

① 参见刘震：《贪污犯罪案件的审查要点和证据收集指引》，内容来源于监察业务专业号“反腐先锋”。

无收受对方财物是认定受贿罪的前提和基础。

2. 表现为行为人有无利用职务上的便利。其中，受贿罪中表现为“权钱交易”关系、有无“为他人谋取利益”。《刑法》第385条规定成立受贿罪必备要件之一是“为他人谋取利益”，也即利用职务上的便利为请托人“办事”。而有些贿赂案件被告人是否具备“为他人谋取利益”要件，在司法认定中容易产生争议。为了解决实践中的争议，统一司法尺度，《贪污解释》第13条作出如下规定：“具有下列情形之一的，应当认定为‘为他人谋取利益’，构成犯罪的，应当依照刑法关于受贿犯罪的规定定罪处罚：（一）实际或者承诺为他人谋取利益的；（二）明知他人有具体请托事项的；（三）履职时未被请托，但事后基于该履职事由收受他人财物的。国家工作人员索取、收受具有上下级关系的下属或者具有行政管理关系的被管理人员的财物价值三万元以上，可能影响职权行使的，认为承诺为他人谋取利益。”

3. 要注意审查款项的来源和去向等相关客观性证据。尤其是贪污案件，要特别注重物证、书证等客观性证据的审查。从实践情况来看，贪污案件中的物证、书证主要包括：（1）依法扣押的赃款、赃物，以及用贪污的款项购买的物品；（2）被告人行使职权的批示、签字等能够证明被告人利用职务便利的书证；（3）记载资金来源、资金管理方式、资金用途等内容的会计资料和银行凭证以及相关单位出具的有关贪污对象性质的说明材料等证明贪污对象性质的书证；（4）公共财物或国有财产转出事由的书证，公共财物或国有财产转出的相关会计资料，公共财物或国有财产转出的现金支票、转账支票、银行汇票、委托付款单等证明贪污方法、手段、数额的书证；（5）被告人取得、处置赃款、赃物的书证等证据。

三、注意审查职务犯罪的主观方面

职务犯罪的主观内容是故意。以贪污犯罪为例，具体地说，认识因素层面，行为人明知或应当知道犯罪对象是公共财物；意志因素层面，行为人具有非法占有公共财物的目的，因此，要注意审查被告人对其自身行为的认知程度和意志层面的证据。判断被告人为何种主观故意，自然首先要考察被告人从侦查阶段开始至审判阶段历次的供述和辩解。例如，贪污的动机、目的，有无策划、策划的具体内容等；对于挪用公款转化为贪污的，进一步审查其主观上是否具有非法占有的目的；共同犯罪的，要审查被告人通谋时间、地点、内容，以及形成何种内容的共同贪污故意。但是，需要注意的是，被告人的供述和辩解，既可以是真实的，也可以是虚假的。司法实践中经常见到这样的情形，因为贪污与挪用公款两罪的刑罚一重一轻，本来是贪污，被告人却声称自己的故意是挪用公款。由此可见，确认被告人持何种故意，不能单凭被告人的供述和辩解作出结论，而应结合在案证据，尤其是被告人的客观行为表现以及相关的客观基础事实加以综合分析、判定。被告人作案过程中形成的、能够证明其主观方面的书证、物证等证据，如虚假发票、涂改的账簿、将财物据为己有或处置赃款赃物的物证等，就是非常有力的证据。同时，还要注意审查能证明案发经过、犯罪手段的被告人所在单位财务人员、主管人员、经手人员的证言，综合分析被告人对贪污行为是否存在隐瞒、欺骗等情况，主观上是否具有贪污犯罪故意。

四、注意全面客观地审查判断在案言词证据

职务犯罪案件中间接证据多，直接证据少；言词证据多，书证、物证少。各种间接证据又主要表现为言词证据，言词证据是职务犯罪行为能否成案的关键。司法实践中，运用一定的方法，通过分析对比各种言词证据，可以从已有的证据材料中筛选出可靠的、具有说服力的证据，查清相关案件事实。

实践中，有的实务部门专家对言词证据的审查方法作了全面系统的研究，具有重要参考价值。归纳起来，言词证据的审查方法主要有以下几种：

（一）逐一审查法

对提取的各种言词证据，首先是对证据主体的自身情况进行审查，包括主体的资格、身体状况、年龄、文化知识、阅历，这些客观因素的存在可能影响其对案件事实的感受力、记忆力、判断力、表达力。其次是对证据主体的品质、是否受到外界干扰、是否与案件当事人或处理结果有利害关系等因素进行审查，这些因素的存在可能使证据主体对案件事实的表达有所夸大或缩小，因此，品质好、没有外界干扰、与案件没有利害关系的证据主体所作陈述可信度高，否则可信度低。

（二）同一认定法

对两个或两个以上具有可比性的言词证据进行对比分析，发现或者寻找相互间的共同点和差异点，一般情况下经过同一认定的言词证

据和案件事实，具有较强的真实性，证人证言、犯罪嫌疑人供述、被害人陈述相一致的情节可予以确认。反之，如果其中出现矛盾或不一致的，则需要进一步取证。这里需要注意的是，如果发现有不一致的言词证据或同一证人前后提供的几份证言不一致，要善于以反向证据为突破口来印证证据的一致性。

（三）比较印证法

职务犯罪事实发生后，往往会产生一系列的事实和证据，而且特定的言词证据与特定案件事实、言词证据与言词证据之间以及案件事实与案件事实之间必然存在一定的联系，通过审查案件中存在的这些必然联系判断是否能推导出结论的唯一性，并排除合理怀疑。①

① 参见钱志强：《职务犯罪案件中如何收集和审查言词证据》，载《检察日报》2008 年 2 月 3 日。

第七讲

阅卷能力的培养

——如何传承司法裁判中的隐性知识

作为现代认识论的重要课题的隐性知识论的价值不仅在于揭示了隐性知识的存在，更在于论证了知识的本质是隐性的。在我国，司法隐性知识广泛存在于案件裁判的事实建构与法律发现诸环节，并在司法判案中有它特定的位置。通常所说的司法前见、一般推理、事实解释、图式加工、事实剪裁、经验参与、结果导向、观念辐射等都是对司法隐性知识的艰难表述。对司法裁判中阅卷环节的基本要求及其隐性知识的探究无疑对于法官阅卷能力的培养具有十分重要的意义。

要增强宏观意识，尽量恢复案件原貌，站在更高的角度、更宽广的视角来审查事实认定是否准确、客观公正，不受原判或起诉事实范围的限制。

司法绝不是纯粹理性的“独角戏”，而是心与脑对话的过程，是逻辑与价值、理性与非理性相互博弈、协调互融过程。

要重视在冰冷、理性的制度程序中注入温暖的“情感”因素，以公正善良之心，带着为民之情尽心尽力履职，强化当事人对司法裁判的情感认同，让当事人在个案中感受到公正。

•专题一　阅卷的实践要求

一、阅卷的基本规范

阅卷的方法因人而异，因案而异。实践中，要想提高阅卷的质量和效率，需要案件承办法官科学的办案思维、正确的阅卷方法和足够地耐心、细致。但无论是谁、无论通过何种形式阅卷，都存在一些共同的基本要求。通过前述几讲有关阅卷形式与种类、阅卷技巧与方法等内容的论述，我们对阅卷的实践要求有了大致的了解。概括起来，大致有以下几方面：

（一）要全面

正如前面所述，全面阅卷意味着要审阅全部卷宗材料，不能遗漏每页纸。实践中，法官首先要注意审查卷宗材料的全面性、完整性，发现案卷材料失少的，一定要追查下落，及时找回补齐。其次，面对手头案件材料务必逐一阅读审查，同时做好阅卷摘录，消化吸收全部案情。同时，也要增强宏观意识，尽量恢复案件原貌，站在更高的角度、更宽广的视角来审查事实认定是否准确、客观公正，不受原判或起诉事实范围的限制。在阅卷审查过程中，既要逐一审查证据，又要善于从整体上予以考虑，坚持综合分析判断原则，透过现象看本质，不被表象所迷惑，真正做到从案件整体考虑、从全局着想，全面把握案件的定性处理。

（二）要细致

在坚持对每一份证据材料进行审阅的基础上精细阅读，认真查找、仔细比对、发现问题，尤其要围绕证据的“三性”作精细审查。比如，针对言词证据，要仔细审查该言词是否属于采取刑讯逼供、威胁、引诱等方法取得，提讯证上记录的提讯次数与在卷笔录次数是否一致等，被告人所交代行凶的次数、过程、部位等内容与在案的法医尸体检验报告、现场勘查笔录等证据所反映的细节能否吻合；指纹、血迹等客观性证据的来源是否清楚、提取的程序是否合法、在保管鉴定等环节有无人为因素导致证据失真的可能等。

（三）要深入

深入，意味着深读、深度阅卷，要带着阅卷审理中发现的矛盾、问题、疑点去进一步核查、检索、解释、突破。根据前述分析，阅卷中发现的疑点矛盾往往集中在被告人身份、破案经过、定案证据、量刑情节等方面，实践中凡是发现这些方面的证据之间存在矛盾、疑点，决不能轻易放过，而是要深入细致地阅卷，排除疑点，寻求合理解释，或补查补证，进一步补强证据、澄清事实。笔者曾办理过一起抢劫案件。这是一起发生在十年之前的凶杀劫财案件，当时公安机关侦查时在被害人家中即现场客厅电话机上提取了指纹、带有血迹的毛巾，并均在现场勘查笔录中有所反映，但犯罪嫌疑人已经逃脱，十年后犯罪嫌疑人在广州被抓获。抓获时，离作案时间已经十年，办案人员已经发生了很大变化。案件移送到检察院之后，检察官在审查现场勘查笔录时，发现笔录上记载侦查人员提取到指纹和毛巾，但案卷并无指纹和毛巾的照片，因而要求侦查人员补证，侦查人员便出具“指纹和毛巾因搬家已经失落，经多方查找，难以找到”的“情况说明”，拿到“情况说明”之后，检察官没有进一步深究。案件移送到人民法院之后，一审法院在审理中也注意到这个问题，但考虑到检察院已经让侦查员出具了“情况说明”，只是在审理报告中予以说明，导致原审审判委员会作出“案件缺乏直接锁定被告人行凶抢劫作案的客观性证据”等判断，判处被告人死缓。在复核阶段，我们与侦查机关进行联系，发函要求原负责侦查此案的办案民警再次认真查找指纹和毛巾的下落，如果难以找到要说明具体丢失的经过和责任人等，在二审法院的坚持下，结果侦查机关把整个刑侦大队“翻了个底朝天”，最终在某某的抽屉里找到了“指纹和毛巾的照片”，经过鉴定、比对，该指纹系被告人所留，教训十分深刻。之所以出现这种情况，公诉人和一审承办法官在阅卷审查中出现的问题就是不够深入，轻信于“一纸情况说明”。这个案例告诉我们，针对“情况说明”之类的证据材料，后续的办案人员一定要深入调查、核实。

（四）要掌握

本书第二讲对阅卷的功能和任务作了充分阐述，并指出阅卷的首要功能在于帮助法官获取案件信息，也就是熟悉案情、掌握证据。所谓“掌握”，就是要全面、完整地把握案件的证据状况，包括掌握案件证据材料的物理状况、掌握案件材料中有无存在涉密材料错误装订的情况、掌握定案的证据状况、掌握量刑的证据状况、掌握有利于被告人的证据状况，做到“心中有数”。因此，能否熟悉证据、掌握案情也就成了阅卷的一个基本要求。实践中，有的案件案卷很多、案情较为疑难复杂，有的法官看完案卷后，能够顺利写出审查报告，在合议庭评议、审判委员会讨论案件过程中，能够把握重点、准确汇报、详细回忆案情，面对合议庭成员、审判委员会委员的提问对答如流、毫无障碍，而有的办案人员则不然，心中无数，甚至“脑子一片空白”，究其原因，就是没有通过阅卷等审理活动真正吃透案情、消化吸收、内化于心。可见，能否在阅卷过程中吃透案情、掌握证据，是法官的基本功。

二、阅卷的目标境界

总的来说，掌握证据、熟悉案情是阅卷的功能和任务，也是阅卷的要求和应有境界。但具体来说，还可从不同角度对阅卷的目标境界进行诠释。大致而言，以下几种对阅卷之目标境界的诠释较为生动而贴切，值得细细品味。

（一）阅卷像读书：要读得滚瓜烂熟

滚瓜烂熟的意思是像从瓜蔓上掉下来的瓜那样熟，形容读书或背书流利纯熟。对于法官办案而言，阅卷首先要像读书一样，要通过阅读全部证据材料，了解、熟悉案情，熟悉全案的证据状况。实践中，有的法官办了案件之后，过两天就全忘光了，有的法官则时隔多年，仍能够详细回忆案情、说起来头头是道，归根结底，就是对案情及证据状况的熟悉、消化程度不一样。说阅卷像读书，还需要表达的另一层意思是，阅读案卷材料要像看书一样必须一页一页地看，不放过每一页、不遗漏每一份证据，必须坚持全面阅卷的原则。不过，既然像读书，也就意味着可以进一步分为通读、精读、深读、细读等，不等于每一页、每一份证据都要同等着力，自然有主次、轻重、详略之分。

（二）阅卷像做作业：要做得千真万确

所谓阅卷像做作业，在笔者看来，主要想表达以下两层意思：

1. 要突出阅卷的真实性

要在阅卷审查过程中，全面客观地对待每一份证据，承办法官所获取的案情事实应当尽可能客观。

2. 要突出阅卷的准确性

无论是以书面形式记录下来的阅卷笔录，还是内化于心的基本案情，都必须尽可能准确，防止出现偏差，尤其是回忆案情、汇报案件阶段，要准确表达案情信息，维护司法的客观性和公正性。比如说，对被告人的身份信息摘录要详细准确，发现疑点的要及时深入核查，不放过蛛丝马迹。通过阅卷精准审查确认被告人身份是否真实、在案证据材料有无疑点、被告人是否存在谎报迹象，维护司法的严肃性和客观性。

（三）阅卷像做笔记：要记得井井有条

所谓阅卷像做笔记，主要表达以下三层意思：

1. 内容整齐

尤其是阅卷笔录的制作要相对完整、项目要素基本齐全，比如被告人的身份情况、被采取强制措施、案件的侦破及抓获经过、证据状况等缺一不可。

2. 有条理

也就是阅卷过程和摘录内容要有条有理、层次清楚、安排有序、分类合理。比如说，哪些内容属于被告人身份和强制措施情况、哪些内容属于侦破经过、哪些内容属于定罪证据、哪些内容属于量刑证据，要做到条理清晰、合理归类。

3. 讲逻辑

上述内容的安排、证据摘录的排列先后，要符合主体认知规律，讲求合乎逻辑、井井有条，而不能杂乱无章。

专题二 影响法官阅卷质效的因素分析

根据心理学对一般人的研究，我们认为，影响法官阅卷质效的心理因素有：

一、已有图式的影响

图式（schema）是一种认知结构，[①] 我国有的学者尤其是我国台湾地区学者将此译作“基模”，是指用于表示我们对于外部世界的已经内化了的知识单位。当代认知心理学认为，对客体和事件的知觉不是外界刺激的简单复制品，其中有些因素被注意到，有些因素被忽略。对客体和事件的记忆也不是原始知觉的简单复制品，而是原始知觉的简化的、有组织的重建。这种记忆结构称为图式。在记忆中搜索与输入感觉信息最符合的图式的过程称为图式加工。图式和图式加工使人可以更有效地组织和处理大量信息。人们不必感知和记住每一新客体和新事件的全部细节，只需编码和记住其突出特点，查明它像先前记忆中的哪一个图式。图式加工通常是快速、自动地进行的，甚至使人觉察不到有什么信息加工在进行。人们在日常生活中形成许多有关人

① 图式的提法最早见于哲学家康德的著作，现代心理学家的研究中则是Bartlett最早明确使用这一概念。参见刘志雅主编：《思维心理学》，暨南大学出版社2005年版，第16页。

和事件的图式。当有人告诉你，你将会见一个外倾型人时，你马上就会提取一个外倾型的图式，预期将见到一个什么样的人。外倾型人的图式是由一组有内在联系的属性构成的，如好交际、热情、易冲动、说话声音大等。这种关于人的图式称作原型。原型指某个范畴的最典型的代表。除了原型外，我们通常把用来描述物的图式叫“框架”。把用来描述事件的图式叫“剧本”（scripts），剧本是指在某段时间内按一定顺序呈现的行为序列，即在典型情况下进行典型活动的程序。比如说，一个叫作“在中国餐馆里点菜”的剧本包括：大家围着桌子坐下，服务员走过来，把菜单放在大家面前，一些人点了自己喜欢的菜，另外一些人说他们不知道该点些什么，要不然其他人代他们点？于是其他人翻翻菜单，点了一个汤，不要牛排了（因为没人喜欢），换成糖醋里脊；最后，他们指定其中一个最自信和性急的人向服务生点所有的菜。对于其他的一些事情，我们也能够产生一些类似的仪式化的剧本。比如洗澡、考试或参加足球比赛。当我们应邀参加一个生日晚会时，我们头脑中便会出现一个生日晚会的图式。

图式和剧本有两个作用：（1）决定个体接受信息并决定如何理解那些信息。（2）具有从环境中抽取信息的计划作用。图式和剧本的价值在于人们可以利用它们来解释周围的环境。每当我们进入一个新的情境，我们并不是努力去了解它，相反，我们会从我们的记忆中寻找相似的情境来获得对当前这个情境的解释。这就是图式发挥作用的方式。它提醒我们去了解那些更重要的信息，它为信息提供一个认知框架，使我们能够更好地组织信息，加工信息，并且把这些信息更好地记忆起来，它帮助我们对不完整的信息作出推测。这些抽象的图式帮助我们预料将发生的情况以及应采取的行动。[①] 需要指出的是，图式加工可以加速认知过程，但同时也易于造成歪曲和偏向，因为图式是现实的简化，与现实刺激没有一对一的关系。与图式有关的信息受到重视，与图式无关的信息受到忽视。这是信息加工过程中通常存在的速度与准确性交换的一种表现。定型是图式的一种特例。

不同的人由于已有图式的不同，从外界知觉到的信息也就有差异。已有研究指出，职业与教育对某种固定图式的形成具有重要影响。例如，一个警察与他的太太一起在逛商场，进入警察视野的是一个正与他擦肩而过、行色匆匆的行人，而此时进入他太太的视野却是一件式样新颖的衣服。这正是因为警察具有“大街上行色匆匆的人可能是小偷”的图式，而一般人却没有这种图式之故。

在法学研究中，已经受到图式理论的影响。事实上法律心理学已经使用了一些类似图式的概念，如构成要件、类型、价值等。法官在阅读案卷材料、认知案件事实过程中，已有的图式对案情事实的认知和建构具有重要作用。例如，对于一个刑事法官而言，他在审理指控合同诈骗犯罪案件时，其就有合同诈骗和合同民事纠纷这两个图式在起作用。近年来，我国刑法学界就如何区分合同诈骗犯罪与合同经济纠纷尤其是与合同民事欺诈纠纷的界限，进行了广泛的讨论，其实质就是关于图式的争论。根据合同诈骗犯罪的图式特点，一般认为，能

---

① 参见［美］S.E.Taylor L.A.Peplau D.O.Sears：《社会心理学》，谢晓非等译，北京大学出版社 2004 年版，第 41 页；刘志雅主编：《思维心理学》，暨南大学出版社 2005 年版，第 16~20 页；李安、房绪兴：《侦查心理学——侦查心理的理论与实践》，中国法制出版社 2005 年版，第 111 页。

够说明行为人具有非法占有目的的外化行为要素包括合同主体资格不真实、行为人无履约能力、行为人采取诈骗的行为手段、无履行合同的实际行动、事后态度不积极等特征。①

二、知识、经验的影响

在认知事物时，人总是根据以往的知识经验来对事物进行理解和补充，即回答“是什么”的问题。因此，图式（认知结构）的形成实际是由知识和经验所决定。法官的知识面、法律知识的掌握程度以及办案经验等都会对法官的图式形成产生影响，从而影响阅读案卷材料的质量和效率。例如，前面关于合同诈骗行为人主观目的的外化行为表现的总结，就是一种知识。对于一个经常审理诈骗案件的有审判经验的刑事法官而言，其对采用虚构事实、隐瞒真相的手段取得他人财物的行为是否构成诈骗犯罪中的行为表现等事实证据要素，就会比较容易引起注意，作出准确的判定，而业务知识相对较差的一般法官则会存在困难。

知识的内容是多方面的。根据加拿大玛里琳·T. 迈克瑞蒙（Marilyn T. MacCrimmon）教授的论述，法官审理事实所必需的

① 有关诈骗犯罪主观目的司法认定的详细论述，可参见陈增宝：《如何认定诈骗犯罪中的非法占有目的》，载《刑事法判解研究》2005 年第 1~2 辑；陈增宝：《诈骗犯罪主观目的的外化行为要素探究》，载最高人民检察院编：《法律应用与检察业务研究》2005 年第 3 辑；陈增宝：《诈骗犯罪非法占有目的的认定方法探究》，载《人民检察》2004 年第 6 期。

知识至少包括关于法律的知识、关于物质世界的知识、关于词语的知识以及关于人类行为的知识等四个方面。关于法律方面的知识在事实认定中的作用，显而易见。国外晚近关于在司法判决中的事实认定程序的研究均一致强调了背景知识的重要性。事实审理者的裁判过程是将证据概念整体化而非原子化，基于这一整体概念化，才得出了关于世界是如何运行的以及故事（案情）是如何构成的模式。陪审员（法官）先前所持有的那些涉及对于被讼事件的充分理解的解释性观点（知识）在他们对于证据的理解和评价中起着重要的作用。例如，我们考虑这样一个案件，其中被告人被指控用刀子杀害了受害人。他解释（辩解）说，他晚上之所以会在酒吧里拿着刀子是因为那把刀是叉鱼用的，而他带这把刀是为了防止孩子们碰到它。那么，这一解释的合理性将取决于以下假设：如果为了防止孩子们碰到刀子，那么一个人应当做些什么？人们通常是否会随身带着“叉鱼刀”而四处走动？这把刀看起来是否像一把“叉鱼刀”？再比如，如果案件是因被告人不能提供商店出具的收据而针对该被告人提出入店盗窃的指控，那么陪审员（法官）对于被告人是否有罪的判断将取决于他们认为人是否应当保留收据这一情节的假设，可能陪审团中那些受到过警察无证搜查的成员会认为，人们应当经常保留收据。[①] 这些假设（对上述问题的回答）就是每个法官的知识所决定，或者说本身就是一种知识，这种知识均体现为“常识”。威廉姆·忒茵（William Twining）则把影响事实认

① 参见［加］玛里琳·T. 迈克瑞蒙（Marilyn T.MacCrimmon）：《事实认定：常识、司法任职与社会科学证据》，徐卉译，载王敏远编：《公法》第四卷，法律出版社 2003 年版，第 278~279 页。

知的背景信息称之为“知识库”。威廉姆·忒茵还注意到：一个“知识库”不是由那些业已经过单独地、实证地检验并且已经清楚明确地作出的命题所组成的；相反，从个人和集体的角度来看，在我们的头脑中都存在着一些错误定义的信息板块，而这些就典型地构成了一个知识库，它是容纳了具有良好理由的信息、深思熟虑的模式、逸闻趣事的记忆、影响、故事、神话、愿望、陈腔滥调、思考和偏见等诸多内容的复杂的大杂烩。①

所谓经验，是指日常生活经验，是对日常知识的积累。关于日常生活经验在事实认定中的作用，已为法学界所重视，又称为“经验法则”。“经验法则是人们在长期生产、生活以及科学实验中通过对客观外界普遍现象与通常规律的一种理性认识，在观念上它属于不证自明的公认范畴。司法审判上的经验法则是社会日常经验法则的一个必要而特殊的组成部分，其特殊性表现在法官常常根据自身的学识、亲身生活体验或被公众所普遍认知与接受的那些公理经验作为法律逻辑的一种推理定式。”② 司法实践中，经验对于认定事实有以下几个作用：（1）决定证据的关联性，即解决诉讼证据与案件的待证事实之间是否有客观联系；（2）决定证据的可采性，即该证据是否需排除；（3）运用直接经验推定间接的事实。有些案件难以找到证据，直接证明当事人主张的事实。在此情况下，借助于经验法则以推定间接事实，可减

① 参见［加］玛里琳·T·迈克瑞蒙（Marilyn T.MacCrimmon）：《事实认定：常识、司法任职与社会科学证据》，徐卉译，载王敏远编：《公法》第四卷，法律出版社2003年版，第276~277页。

② 毕玉谦：《举证责任分配体系之构建》，载《法学研究》1999年第2期。

轻当事人的举证负担，也有利于保护当事人合法权益。最高人民法院发布的有关证据规则强调经验法则在事实认定中的作用。比如，最高人民法院2001年12月21日发布的《关于民事诉讼证据的若干规定》第64条规定："审判人员应当依据法定程序，全面、客观地审核证据，依据法律的规定，遵循法官职业道德，运用逻辑推理和日常生活经验，对证据有无证明力和证明力大小独立判断，并公开判断的理由和结果。"[①] 这是我国首次以司法解释的方式明确规定以经验法则评判证据价值和认定案件事实。

三、其他因素的影响

除了上述一些因素外，法官阅卷活动和事实的建构还受到下述因素影响。因为知觉并不是简单地由感觉器官接受外界信息，而是包括从环境中对信息的取样及其分析信息，如何取样就受到预期或先前观念的影响。预期或先前观念对知觉的理解起到重要作用。例如，一个从没见过手枪的土著人，当土匪用枪对着他时，他表现得毫无畏惧，因为他无法对枪进行知觉并理解。儿童由于比成人缺乏更多的先前观念，所以对同一现象的知觉在理解上就会有很大差异，许多儿童可能将自己被性骚扰的事件看成是他人与自己做游戏，而成人却可将之知觉成性骚扰。情绪等因素也会影响人们对事实的认知，影响法官阅卷质效。法官作为一个具有主观能动性的生命个体，其对某些行为的喜

① 最高人民法院于2019年修正《关于民事诉讼证据的若干规定》时，对该条内容基本未更改，序号改为第85条。

好与偏见、感触与感情等属于潜意识层次的力量，必然会不自觉地渗透到司法的自由裁量过程中。司法绝不是纯粹理性的“独角戏”，而是心与脑对话的过程，是逻辑与价值、理性与非理性相互博弈、协调互融的过程。正因为如此，美国的卡多佐大法官才感叹道：“即使我们已经竭尽全力，我们仍然不能使自己远离那个无法言传的情感王国，那个根深蒂固已经成为我们本性一部分的信仰世界。”情感是人性中最为璀璨的光芒和不可回避的色彩，在司法理论研究中无视或决意排除法官情感因素对司法裁判的影响既是不现实的，也是不必要的，关键在于科学地揭示情感因素对司法裁判的影响规律，从而更加理性地防范与调控情感因素对司法裁判的消极影响。就自我调适而言，法官个体应当懂得情感的一般活动规律，遵循规律，学会顺应自然，提高自我调控能力。特别是要重视在冰冷、理性的制度程序中注入温暖的“情感”因素，以公正善良之心，带着为民之情尽心尽力履职，强化当事人对司法裁判的情感认同，让当事人在个案中感受到公正。除了法官自我调控，国家更需要从诉讼管理层面加强程序设计与制度防范，运用刚性的规则，平衡事实证据和法律判断中的情感力量。

·专题三　如何帮助法官个体提高阅卷质效

一、养成良好的阅卷习惯

习惯是指长时期养成的不易改变的动作、生活方式、社会风尚等。事实上，广义的习惯不仅仅是动作性的、生活方式性的或社会风尚性的，还包括人类所有的优点，甚至包括“善良”“仁爱”这样永恒的主题，也需要进行不断修炼，才会真正化为行动性的习惯。而善良的心是最好的法律。对于法官而言：

1. 要出于公心，在正义理念指导下客观全面地审阅案卷材料，从而精准审查认定案件事实、合理解释法律，而不是为了徇个人私情、为他人谋取不正当利益。美德大多存在于良好的习惯中。

2. 好的阅卷习惯既包括长期以来形成的在阅卷顺序、证据排列、阅卷摘录等方面的不易改变的动作、工作方式，又包括对具体每份证据的阅读审查方式，如不同的浏览、阅读方式等。

3. 好的习惯既要在司法实践中培养，也要进行反复的教育培训，做到好习惯要培养，坏习惯要纠正等。科学证明，当一个行为或动作每天都做，坚持 21 天，那么它就会变成一个习惯，如果持续了 90 天，那它就成了一个不容易改变的习惯。正如亚里士多德所言，“总以某种固定方式行事，人便能养成习惯。”

4. 习惯成自然。实践中，信息化、智能化建设中办案流程改变、不同软件系统的应用，都面临习惯的改变问题。正所谓习惯要靠习惯来征服、习惯要由习惯来取代。

二、知识体系的互联互通

自2015年《最高人民法院关于完善人民法院司法责任制的若干意见》正式提出审判团队概念以来，全国各地法院从优化司法资源配置、完善审判组织架构等角度出发，组建了灵活多样的审判团队，得到法院系统和社会各界的积极评价。但是，不少法院的审判团队建设还存在组建基础条件欠缺、客观条件不足，运行中分工不精细、团队管理效能低，考核不完善、办案责任追究机制欠明确等现实困难和问题。为了推动新型审判团队的科学构建，确保审判团队与法官员额制改革、司法责任制改革已有的成果实现融合，并与2018年修订的《人民法院组织法》和2019年修订的《法官法》有效衔接，很有必要对构建新型审判团队的理论基础、经验做法和存在的问题和困难、完善的意见对策等相关问题进行全面、系统、深入的实证研究。其中，就提高审判团队或合议庭成员的阅卷工作效能来说，团队成员知识体系的互联互通非常重要。目前，知识经济时代，比较流行知识管理、知识体系的理念和方法。从实用角度来定义个人知识管理，是指个人通过工具建立知识体系并不断完善，进行知识的收集、消化、吸收和创新的过程。对审判团队而言，笔者认为，阅卷等司法知识的标准化建设非常重要，通过强化团队的知识管理、推进团队知识的标准化，有利于促进团队阅卷能力的整体提升。那么，阅卷环节，究竟有哪些知识可以标准化的呢？本书第六讲在前述几讲有关阅卷的形式和种类、功能和任务、技巧和方法等一般性论述的基础上，分别从命案、重大毒品犯罪、盗窃犯罪、诈骗类犯罪、涉税类犯罪、职务犯罪等几个方面，从实战角度阐述了几类特殊案件的阅卷审查要领，这些阅卷审查要领的归纳整理实质上就属于阅卷的知识体系范畴。实践中，只要我们多加总结、提炼和分享，必然会推动团队成员整体司法能力的提升。

三、隐性知识的有效传承

从知识管理角度来说，司法过程包括阅卷活动不仅包含很多可说可写的显性知识，还包含大量来源于实践经验，以及法官的创造性、灵感、顿悟等高级心理活动等只可意会不可言传的隐性知识。因此，司法能力传承与创新发展问题，某种程度上可看作司法知识的传播和创新问题，其中隐性知识的作用极为关键。显性知识的传承可以通过培训讲授等形式进行，一般较好掌握，而隐性知识的有效传承则相对较难把握。一般而言，阅卷中的隐性知识可以通过以下三方面加以有效传承：

（一）源自经验分享

知识是靠积累的，不是凭空就能来的。对法官而言，工作之余，要多看相关方面的书籍，学会积累。而知识的积累，一方面源自自身经历和体验，另一方面，则源自其他人经验的分享。司法实践中，法官办案往往也呈现“术业有专攻”的局面，尤其是到中高级法院和最高人民法院的法官，往往存在专业化倾向，比如说，有的法官对职务犯罪案件的审理比较擅长，有的则对涉税犯罪案件的审理比较擅长，各自有关职务犯罪案件和涉税犯罪案件阅卷中应当注意的隐性知识经验的提炼就可以相互分享，用以帮助其他非专业法官更快地掌握职务犯罪和涉税犯罪的阅卷审查要领。

（二）发展实践技能

法律是一种实践理性。尤其是司法过程中的阅卷活动，涉及如何获取案件事实信息、如何审查判断证据、如何发现案件疑点等诸多方面的内容，有些只可意会，不可言传，有些有赖于长期的司法实践才能获得。这种实践技能主要靠大量的实践性训练才能有效培养起来。现实中，一方面靠法官自身的办案活动来直接提升，另一方面可以靠“案例教学”活动来加以训练提高。“以案说法”“案例教学”或“诊所式教学”是近年来法学院老师不断推崇的教学方法。在上课的时候，老师经常引用一些典型的、鲜活的案例讲授较为枯燥的理论知识，从而使深奥的法学理论变得通俗易懂。老师在讲案例的时候，并不是仅仅讲故事，而是把案例中的案件事实与法律理论紧密结合起来，用案例启发大家用法律思维思考，用案例巩固大家所学的法学理论。现实中，除了国内的案例之外，外国法院裁判的著名案例，也可广泛应用于教学，从而大大开拓了学员的思路和视野。案例教学法改变了“老师满堂灌、法官被动听”的上课模式，使法官能够主动思考，从侧重于法学理论到侧重于法律应用，大大提高了法官的法律实践能力。不过，值得一提的是，目前普遍存在的案例教学法也存在失真、碎片化的问题。今后，在传统案例教学方式的基础上，还可以将案卷复印给学员，让学员模拟开庭、模拟阅卷，体验真实的法律适用过程，促进司法能力的全面提升。

（三）培养系统直觉

在以法律方法论为议题的司法理论研究领域，德国慕尼黑大学法学教授拉伦茨在《法学方法论》一书中首次提到“法感”一词，涉及司法过程的系统直觉判断。但是从笔者掌握的资料来看，目前法学理论界对司法裁判中的法感究竟为何物，这一全新法学概念背后的心理学原理与运行机制是怎样的，以及法官在司法实践中如何获得良好的法感和法感的理性制衡等内容尚缺乏必要的专门、系统性研究。法律方法作为联结法律和案件之间的桥梁，是司法能力建设的重要内容，也是规制法官自由裁量权和保障司法公正的重要手段。随着我国法官队伍革命化、正规化、专业化、职业化建设的不断推进，以法律心理学为视角，对司法裁判中的法感及其培养、管控机制展开探究，无疑对于深化司法活动规律的科学认识、强化法官个体的经验积累、提升队伍整体的司法能力和裁判理性水平、保障司法公正的有效实现等方面具有十分重要的法治理论价值与实践意义。日常生活经验和大量的实践都告诉我们，直觉对我们的思维判断具有重大影响。日常生活中，有很多时候，人们可能会迅速地对某一事物作出精准的判断，但在作出判断的同时，完全没有意识到自己已经过了思考。有时候，我们对于某个问题，依靠以前的方法根本不可能解决，原有的关于这个问题的知识经验似乎毫无用处。但是，突然之间灵机一动，你可能会想到把本来没有联系的因素连接起来，问题就迎刃而解了。在法律领域，证据法学家达马斯卡曾指出：“促使人们对证据作出反应的因素对认知者而言并不十分透彻，甚或不易以命题表达，在证据和结论之间似乎存在着宛如跳跃一般的中断。”这些其实都是直觉、顿悟的结果。按照《牛津英语词典》的解释，所谓直觉是一种“不需要任何推理过程影响的、通过心灵对事物的即时性的理解”。据此，直觉的核心特征是它在潜意识层面上的自动运行。这与深思熟虑的逻辑思维形成鲜明对比。法律作为法官的工作工具，无疑在受过系统训练的每个法官的思维上都打下了深深的烙印，这就使得法官对法律语言和法律判断具备了直觉思维的前提。法官对法律问题的灵敏感觉即为“法感”。与法感有关的概念，有法律直觉、法律悟性等说法，其界定都与直觉有直接的或间接的联系，并无本质的区别。

直觉思维由于没有依据某种明显的逻辑规则就以跳跃的方式径直得出最后结论，显然具有不确定性和可错性，我们必须正视法律性直觉可能出现的偏差问题。法律应当以理性为导向，但在司法理论研究中无视或过分夸大直觉在司法中的作用既不符合客观现实，也没有必要，关键在于科学、理性地对待司法中的直觉等非理性因素。这就意味着不仅需要通过完善诉讼程序、加强司法管理等手段，在制度层面对法感进行更加有效的规则指引和制衡防范，也需要法官自身通过强化职业训练和实践经验的积累，提高自身法感能力等途径加以实时检测、自我监控和随时修正，内外形成合力。首先，针对司法直觉可能出现偏差的实际，正如波斯纳所言，“看住入口是与认知错觉作斗争的方法之一；另一方法就是对抗制程序本身”，在当前形势下，必须重点推进以审判为中心的诉讼制度改革，强化程序运作，通过充分的法庭质辩、严谨的集体决策、认真的商谈合议、透明的司法公开、充分的裁判文书说理等一系列改革举措，发挥程序规则对司法决策的刚性指引、制约和把关作用，防止司法者的主观判断偏离公平公正的法治轨道，同时也要通过制度规则的长期规范和反复引导，促进司法习惯和良好直感的养成。其次，从司法能力建设的高度来说，应强化实践锻炼和职业培训，引导广大法官走内涵式发展道路，切实提升自身的法感能力。法律性直觉思维作为一种职业认知方式，正如弗兰克所言“建立在法官训练有素的直觉”之上，源于丰富的经验积累，是实践理性长期沉淀的结果，不同于初级意义上的普通直感。凡是技能，唯有在实践中方能练就。多年来，我国法官培训还在一定程度上存在偏重法律知识的灌输，忽视实践性的“法感”训练和心理培训等教学倾向，这在今后的工作中有必要加以改进。

专题四　法官“传帮带”：一个值得持续关注的话题

法官队伍建设是人民法院工作的重中之重，特别是青年法官的成长与进步，直接关系到审判工作的承接运转和司法事业的健康发展，是人民法院让人民群众在每一个司法案件中感受到公平正义的重要保障。近年来，全国法院大力引进、招录青年干警，新进干警大部分尚未完成从书记员到法官、法官到资深法官的转型。他们虽然学历高、法律理论功底深，但实践经验缺乏，面对新形势下的司法审判工作显得力不从心，离人民群众对法院司法工作的要求和期盼尚有一定差距。另一方面，各级人民法院都有一批资深老法官，他们有着丰富的审判经验和人生阅历，庭审驾驭能力强、办案技巧多、制作裁判文书质量高，但由于“传帮带”制度未全面形成、老法官即将面临离岗退休等原因，老法官丰富的审判实践经验未能全面传承下来，老中青合理梯队没有形成，一定程度上制约了审判工作的健康发展。面对这一情况，各级人民法院务必创新工作机制，完善法官带法官“传帮带”工作机制，促进青年法官司法能力的提升。

实践中，新手法官虽然与熟手法官、专家型法官相比，存在社会阅历和审判经验相对不足、调解工作能力有待提高等缺点，但也有着自身的优势：他们年纪轻，思维活跃，对审判事业和法治梦想更充满热情和憧憬，更有激情，更有朝气活力。此类法官往往具有热情、外向、朝气蓬勃等人格特征。他们受过系统的法学专业训练，具有深厚的法学理论功底。他们对新知识的接受能力比较强。特别是网络高度发达的新媒体时代，年轻法官对信息化等跨学科知识的学习更及时、掌握更深，更能适应社会发展的变化和审判管理的新需要。

新形势下，人民法院处理的纠纷越来越复杂、多样，当事人的矛盾冲突有时非常尖锐，法官除了根据理性和良知准确适用法律、依法裁判外，还应不断提升做群众工作的能力。新手法官面临的主要任务是尽快适应法官角色的需要，根据“革命化、正规化、专业化、职业化”的建设要求，熟练掌握阅卷等审判操作技能，不断提升司法能力和水平。青年法官一般知识水平都较高，能做到谈问题头头是道、写文章妙笔生花，但是一旦遇到实际问题就不知所措，其根源在于历练较少。在现实生活和司法实践中，青年法官个体应当注重完善自己的知识结构，学点心理学、社会学等交叉学科知识，掌握人类情感活动的一般规律，提高自我调控和驾驭他人情绪的实际工作能力。在学好理论知识的同时，还应注重实践锻炼。

就外部支持而言，司法管理等组织层面要加强对新手法官的心理辅导，注重营造良好的工作氛围、和谐的人际关系和良好的法治环境，完善法官奖惩和激励机制，通过开设法官讲坛，开展院庭长、审判委员会委员开示范庭、案件质量评查、裁判文书评选、优秀庭审观摩、青年法官导师制等活动，以“传帮带”等多种形式，引导和激发新手法官钻研审判业务、主动应对办案压力的强烈动机，促进新手法官的有效成长，保障司法公正的有效实现。

后　记

分享比创作本身更重要。为法官同行编写一套“法官如何办案”的系列教材或指导用书，一直是我的梦想。在编辑老师的启发下，我深感数据库和法律智能产品的应用推广，降低了传统法律图书的使用价值，迫使新的图书策划从选题方向和内容上需要开辟新路，以适应时代的发展要求。

虽然电子产品承载着海量知识信息，并能够极速化关联查找，但对“隐性”知识却无从着手。而审判实务工作是凝结了法官智慧与经验的产物，包含了大量需要转化和传承的“隐性”知识。编写一套以实务经验、办案智慧为主题的“法官办案经验与技能丛书”，围绕法官的审判经验、技巧、技能以及在具体办案过程中总结的经验和感悟，通过具有较强可读性的漫谈式、心得交流式写法，将审判经验固定化、体系化，既能够从内容上填补研究空白，满足新任法官、法官助理和需要提高审判技能的已任职法官的“传帮带”的需求，弥补其经验上的不足，快速提高办案水平，又能与以往脱离不开长篇学术理论或简单案例资料整理或法律规范汇编的传统题材区分开来，作为实务类法律读物发展方向的一次新尝试，意义十分重大。同时，此类研究对于律师、检察官等办案人员和法律界同行提升案卷材料的阅读技能、改进审查方法也具有重要参考价值。

本书以《法官如何阅卷：案卷材料的阅读技能与审查方法》为题，

结合作者二十六年的审判实践，对阅卷工作中积累的经验与方法进行了全面、系统梳理，从案卷的品性与构成、阅卷的功能与任务、阅卷的形式与种类、阅卷的技巧与方法、阅卷笔录的制作、阅卷能力的培养等方面对阅卷的原理和方法进行了基础理论建构，同时对命案、重大毒品犯罪案件、盗窃犯罪案件、诈骗犯罪案件、涉税犯罪案件、职务犯罪案件等几种特殊案件的阅卷审查要领进行了总结提炼，运用精练的典型案例深入分析在认定事实、审查判断证据等方面经验的功能和作用，剖析司法实践中一些误用、误解、理念更新、理解不准的事项，提出需要注意把握的原则和条件等经验法则应用的有效改进措施。

本书与《法官如何庭审：庭审的驾驭技能与处置方法》《法官如何讨论：案件的汇报技能与讨论方法》均属于“法官办案经验与技能丛书”，其特色在于将作者多年在办案过程中的亲身感悟及经验进行总结，将具有典型性和指导意义的经验、规则进行科学分类排列，将看似零乱的具有一定个性化的主题和片段进行系统整理、串联，同时配合一些精品案例、典型范例的分析，融入阅卷工作心得体会，进行针对性强的辅导式、分享式编写，兼具可读性、知识性、实用性等特点。

平时工作很忙。只有在做好工作的前提下，才有可能挤出时间，用于看书和写作。但我依然习惯并喜欢把读书和写作当作自己的生活方式，而且希望能够一直坚持下去。本书稿是在无数个夜晚、周末，利用点滴的业余时间不断积累的结果，自然凝聚着点点滴滴、长期汇集而成的心血和汗水。虽然从事审判实践有二十六个年头，但我深感司法理论的博大精深，对实践中的学问一直心存敬畏。文稿既成，疏误亦见。说自己粗浅，不是谦虚，而是事实！本书中的不当、疏漏之处难免，敬请批评指正。

能够将自己多年来积累的所思、所想、所得、所悟转化成一本书来出版，更是得益于各位领导、师长、同学、朋友和家人的关心、鼓励、指导和帮助！在此，要特别感谢人民法院出版社，以及出版社的各位领导和编辑王婷、李瑞老师！

陈增宝

二〇二一年二月初稿于杭州

二〇二二年七月二稿于杭州

二〇二三年八月改定于杭州